新《固体废物污染环境防治法》解析与案例实用手册

西尔环境研究院 主编

U0840772

中国环境出版集团·北京

图书在版编目（CIP）数据

新《固体废物污染环境防治法》解析与案例实用手册/西尔环境研究院主编. -- 北京 : 中国环境出版集团, 2020.9（2023.8重印）

ISBN 978-7-5111-4391-4

Ⅰ. ①新… Ⅱ. ①西… Ⅲ. ①固体废物污染—污染防治—环境保护法—中国—手册 Ⅳ. ①D922.683-62

中国版本图书馆CIP数据核字(2020)第140388号

出 版 人 武德凯
责任编辑 曹 玮
装帧设计 艺友品牌

出版发行 中国环境出版集团
（100062 北京市东城区广渠门内大街16号）
网 址：http：//www.cesp.com.cn
电子邮箱：bjgl@cesp.com.cn
联系电话：010-67112765（编辑管理部），010-67113412（第二分社）
发行热线：010-67125803，010-67113405（传真）
印 刷 北京鑫益晖印刷有限公司
经 销 各地新华书店
版 次 2020年9月第1版
印 次 2023年8月第2次印刷
开 本 787×960 1／16
印 张 15
字 数 240千字
定 价 85.00元

【版权所有。未经许可，请勿翻印、转载，违者必究。】
如有缺页、破损、倒装等印装质量问题，请寄回本集团更换。

中国环境出版集团郑重承诺：
中国环境出版集团合作的印刷单位、材料单位均具有中国环境标志产品认证。

前　言

2020 年 4 月 29 日，十三届全国人大常委会第十七次会议审议通过了修订后的《固体废物污染环境防治法》，自 2020 年 9 月 1 日起施行。全面修订《固体废物污染环境防治法》是贯彻落实习近平生态文明思想和党中央关于生态文明建设决策部署的重大任务，是推动打赢污染防治攻坚战、坚持依法治污的迫切需要，是健全最严格生态环境保护法律制度和最严密生态环境法治保障的重要举措。

为了让各级生态环境主管部门和相关企业单位能充分、正确地学习和掌握《固体废物污染环境防治法》的内容，西尔环境研究院组织专家编写了此书，对《固体废物污染环境防治法》中生态环境部门的履职重点和职责清单进行了深入详细的解读，并对《固体废物污染环境防治法》中涉及的产生危险废物的企业、经营危险废物的企业（包括医疗废物集中处置）、产生工业固体废物的企业、生活垃圾和污水处理企业、电子产品生产企业以及电商、快递和外卖企业等六大类企业需要注意的法律红线问题进行了条分缕析的梳理。本书主要有以下三大特点：

1. 权威性。本书的编者多年来参与国家相关环保法律法规的制定、修订，充分了解法律法规修订的背景和条款的具体内涵，解读比较权威。

2. 易读性。本书语言精炼，法律依据准确严密，相对于枯燥的纯文字内容，本书图文并茂，更便于读者理解。

3. 实用性。本书涵盖了《固体废物污染环境防治法》及固体废物管理相关的法规和文件，方便监管人员及企业管理人员使用。

本书不仅对各级生态环境部门监管和执法人员、检察机关和公安机关从事生态环境司法工作人员以及相关企事业单位管理人员有帮助，对政府相关部门以及广大关心环境保护工作的公众也有参考价值。相对于较为枯燥的纯文字内容，本书特以图画、图表等形式生动形象地表达文意，给读者以有趣的阅读体验，也能帮助大家更深刻地理解书中内容。

本书由西尔环境研究院主编，西尔环境研究院袁轶、唐子旭参与了本书的审稿、编写工作，西尔环境研究院杨化狄、北京德衡律师事务所的庄超律师提供了企业相关管理内容；生态环境部核设施安全监管司李静云处长、最高人民检察院刘家璞处长对本书编写进行了指导；西尔环境研究院张芷琳和杨化狄提供全书的图片制作。

由于编者水平有限，书中内容有疏漏之处在所难免，敬请广大读者批评指正，欢迎将宝贵意见和建议发送至邮箱：cei2019@163.com。

编者

2020 年 7 月 28 日

目　录

《固体废物污染环境防治法》、历史沿革及对照表

中华人民共和国固体废物污染环境防治法

（中华人民共和国主席令　第四十三号）

《中华人民共和国固体废物污染环境防治法》已由中华人民共和国第十三届全国人民代表大会常务委员会第十七次会议于 2020 年 4 月 29 日修订通过，现予公布，自 2020 年 9 月 1 日起施行。

中华人民共和国主席　习近平

2020 年 4 月 29 日

中华人民共和国固体废物污染环境防治法

（1995 年 10 月 30 日第八届全国人民代表大会常务委员会第十六次会议通过　2004 年 12 月 29 日第十届全国人民代表大会常务委员会第十三次会议第一次修订　根据 2013 年 6 月 29 日第十二届全国人民代表大会常务委员会第三次会议《关于修改〈中华人民共和国文物保护法〉等十二部法律的决定》第一次修正　根据 2015 年 4 月 24 日第十二届全国人民代表大会常务委员会第十四次会议《关于修改〈中华人民共和国港口法〉等七部法律的决定》第二次修正　根据 2016 年 11 月 7 日第十二届全国人民代表大会常务委员会第二十四次会议《关于修改〈中华人民共和国对外贸易法〉等十二部法律的决定》第三次修正　2020 年 4 月 29 日第十三届全国人民代表大会常务委员会第十七次会议第二次修订）

目　录

第九章　附则

第一章　总　则

第一条　为了保护和改善生态环境，防治固体废物污染环境，保障公众健康，维护生态安全，推进生态文明建设，促进经济社会可持续发展，制定本法。

第二条　固体废物污染环境的防治适用本法。

固体废物污染海洋环境的防治和放射性固体废物污染环境的防治不适用本法。

第三条　国家推行绿色发展方式，促进清洁生产和循环经济发展。

国家倡导简约适度、绿色低碳的生活方式，引导公众积极参与固体废物污染环境防治。

第四条　固体废物污染环境防治坚持减量化、资源化和无害化的原则。

任何单位和个人都应当采取措施，减少固体废物的产生量，促进固体废物的综合利用，降低固体废物的危害性。

第五条　固体废物污染环境防治坚持污染担责的原则。

产生、收集、贮存、运输、利用、处置固体废物的单位和个人，应当采取措施，防止或者减少固体废物对环境的污染，对所造成的环境污染依法承担责任。

第六条　国家推行生活垃圾分类制度。

生活垃圾分类坚持政府推动、全民参与、城乡统筹、因地制宜、简便易行的原则。

第七条　地方各级人民政府对本行政区域固体废物污染环境防治负责。

国家实行固体废物污染环境防治目标责任制和考核评价制度，将固体废物污染环境防治目标完成情况纳入考核评价的内容。

第八条　各级人民政府应当加强对固体废物污染环境防治工作的领导，组织、协调、督促有关部门依法履行固体废物污染环境防治监督管理职责。

省、自治区、直辖市之间可以协商建立跨行政区域固体废物污染环境的联防联控机制，统筹规划制定、设施建设、固体废物转移等工作。

第九条　国务院生态环境主管部门对全国固体废物污染环境防治工作实施统

一监督管理。国务院发展改革、工业和信息化、自然资源、住房城乡建设、交通运输、农业农村、商务、卫生健康、海关等主管部门在各自职责范围内负责固体废物污染环境防治的监督管理工作。

地方人民政府生态环境主管部门对本行政区域固体废物污染环境防治工作实施统一监督管理。地方人民政府发展改革、工业和信息化、自然资源、住房城乡建设、交通运输、农业农村、商务、卫生健康等主管部门在各自职责范围内负责固体废物污染环境防治的监督管理工作。

第十条 国家鼓励、支持固体废物污染环境防治的科学研究、技术开发、先进技术推广和科学普及，加强固体废物污染环境防治科技支撑。

第十一条 国家机关、社会团体、企业事业单位、基层群众性自治组织和新闻媒体应当加强固体废物污染环境防治宣传教育和科学普及，增强公众固体废物污染环境防治意识。

学校应当开展生活垃圾分类以及其他固体废物污染环境防治知识普及和教育。

第十二条 各级人民政府对在固体废物污染环境防治工作以及相关的综合利用活动中做出显著成绩的单位和个人，按照国家有关规定给予表彰、奖励。

第二章 监督管理

第十三条 县级以上人民政府应当将固体废物污染环境防治工作纳入国民经济和社会发展规划、生态环境保护规划，并采取有效措施减少固体废物的产生量、促进固体废物的综合利用、降低固体废物的危害性，最大限度降低固体废物填埋量。

第十四条 国务院生态环境主管部门应当会同国务院有关部门根据国家环境质量标准和国家经济、技术条件，制定固体废物鉴别标准、鉴别程序和国家固体废物污染环境防治技术标准。

第十五条 国务院标准化主管部门应当会同国务院发展改革、工业和信息化、生态环境、农业农村等主管部门，制定固体废物综合利用标准。

综合利用固体废物应当遵守生态环境法律法规，符合固体废物污染环境防治技术标准。使用固体废物综合利用产物应当符合国家规定的用途、标准。

第十六条 国务院生态环境主管部门应当会同国务院有关部门建立全国危险废物等固体废物污染环境防治信息平台，推进固体废物收集、转移、处置等全过程监控和信息化追溯。

第十七条 建设产生、贮存、利用、处置固体废物的项目，应当依法进行环境影响评价，并遵守国家有关建设项目环境保护管理的规定。

第十八条 建设项目的环境影响评价文件确定需要配套建设的固体废物污染环境防治设施，应当与主体工程同时设计、同时施工、同时投入使用。建设项目的初步设计，应当按照环境保护设计规范的要求，将固体废物污染环境防治内容纳入环境影响评价文件，落实防治固体废物污染环境和破坏生态的措施以及固体废物污染环境防治设施投资概算。

建设单位应当依照有关法律法规的规定，对配套建设的固体废物污染环境防治设施进行验收，编制验收报告，并向社会公开。

第十九条 收集、贮存、运输、利用、处置固体废物的单位和其他生产经营者，应当加强对相关设施、设备和场所的管理和维护，保证其正常运行和使用。

第二十条 产生、收集、贮存、运输、利用、处置固体废物的单位和其他生产经营者，应当采取防扬散、防流失、防渗漏或者其他防止污染环境的措施，不得擅自倾倒、堆放、丢弃、遗撒固体废物。

禁止任何单位或者个人向江河、湖泊、运河、渠道、水库及其最高水位线以下的滩地和岸坡以及法律法规规定的其他地点倾倒、堆放、贮存固体废物。

第二十一条 在生态保护红线区域、永久基本农田集中区域和其他需要特别保护的区域内，禁止建设工业固体废物、危险废物集中贮存、利用、处置的设施、场所和生活垃圾填埋场。

第二十二条 转移固体废物出省、自治区、直辖市行政区域贮存、处置的，应当向固体废物移出地的省、自治区、直辖市人民政府生态环境主管部门提出申请。移出地的省、自治区、直辖市人民政府生态环境主管部门应当及时商经接受地的省、自治区、直辖市人民政府生态环境主管部门同意后，在规定期限内批准转移该固体废物出省、自治区、直辖市行政区域。未经批准的，不得转移。

转移固体废物出省、自治区、直辖市行政区域利用的，应当报固体废物移出地的省、自治区、直辖市人民政府生态环境主管部门备案。移出地的省、自治区、直辖市人民政府生态环境主管部门应当将备案信息通报接受地的省、自治区、直辖市人民政府生态环境主管部门。

第二十三条 禁止中华人民共和国境外的固体废物进境倾倒、堆放、处置。

第二十四条 国家逐步实现固体废物零进口，由国务院生态环境主管部门会同国务院商务、发展改革、海关等主管部门组织实施。

第二十五条 海关发现进口货物疑似固体废物的，可以委托专业机构开展属性鉴别，并根据鉴别结论依法管理。

第二十六条 生态环境主管部门及其环境执法机构和其他负有固体废物污染环境防治监督管理职责的部门，在各自职责范围内有权对从事产生、收集、贮存、运输、利用、处置固体废物等活动的单位和其他生产经营者进行现场检查。被检查者应当如实反映情况，并提供必要的资料。

实施现场检查，可以采取现场监测、采集样品、查阅或者复制与固体废物污染环境防治相关的资料等措施。检查人员进行现场检查，应当出示证件。对现场检查中知悉的商业秘密应当保密。

第二十七条 有下列情形之一，生态环境主管部门和其他负有固体废物污染环境防治监督管理职责的部门，可以对违法收集、贮存、运输、利用、处置的固体废物及设施、设备、场所、工具、物品予以查封、扣押：

（一）可能造成证据灭失、被隐匿或者非法转移的；

（二）造成或者可能造成严重环境污染的。

第二十八条 生态环境主管部门应当会同有关部门建立产生、收集、贮存、运输、利用、处置固体废物的单位和其他生产经营者信用记录制度，将相关信用记录纳入全国信用信息共享平台。

第二十九条 设区的市级人民政府生态环境主管部门应当会同住房城乡建设、农业农村、卫生健康等主管部门，定期向社会发布固体废物的种类、产生量、处置能力、利用处置状况等信息。

产生、收集、贮存、运输、利用、处置固体废物的单位，应当依法及时公开固体废物污染环境防治信息，主动接受社会监督。

利用、处置固体废物的单位，应当依法向公众开放设施、场所，提高公众环境保护意识和参与程度。

第三十条 县级以上人民政府应当将工业固体废物、生活垃圾、危险废物等固体废物污染环境防治情况纳入环境状况和环境保护目标完成情况年度报告，向本级人民代表大会或者人民代表大会常务委员会报告。

第三十一条 任何单位和个人都有权对造成固体废物污染环境的单位和个人进行举报。

生态环境主管部门和其他负有固体废物污染环境防治监督管理职责的部门应当将固体废物污染环境防治举报方式向社会公布，方便公众举报。

接到举报的部门应当及时处理并对举报人的相关信息予以保密；对实名举报并查证属实的，给予奖励。

举报人举报所在单位的，该单位不得以解除、变更劳动合同或者其他方式对举报人进行打击报复。

第三章 工业固体废物

第三十二条 国务院生态环境主管部门应当会同国务院发展改革、工业和信息化等主管部门对工业固体废物对公众健康、生态环境的危害和影响程度等作出界定，制定防治工业固体废物污染环境的技术政策，组织推广先进的防治工业固体废物污染环境的生产工艺和设备。

第三十三条 国务院工业和信息化主管部门应当会同国务院有关部门组织研究开发、推广减少工业固体废物产生量和降低工业固体废物危害性的生产工艺和设备，公布限期淘汰产生严重污染环境的工业固体废物的落后生产工艺、设备的名录。

生产者、销售者、进口者、使用者应当在国务院工业和信息化主管部门会同国务院有关部门规定的期限内分别停止生产、销售、进口或者使用列入前款规定名录中的设备。生产工艺的采用者应当在国务院工业和信息化主管部门会同国务院有关部门规定的期限内停止采用列入前款规定名录中的工艺。

列入限期淘汰名录被淘汰的设备，不得转让给他人使用。

第三十四条 国务院工业和信息化主管部门应当会同国务院发展改革、生态环境等主管部门，定期发布工业固体废物综合利用技术、工艺、设备和产品导向目录，组织开展工业固体废物资源综合利用评价，推动工业固体废物综合利用。

第三十五条 县级以上地方人民政府应当制定工业固体废物污染环境防治工作规划，组织建设工业固体废物集中处置等设施，推动工业固体废物污染环境防治工作。

第三十六条 产生工业固体废物的单位应当建立健全工业固体废物产生、收集、贮存、运输、利用、处置全过程的污染环境防治责任制度，建立工业固体废物管理台账，如实记录产生工业固体废物的种类、数量、流向、贮存、利用、处置等信息，实现工业固体废物可追溯、可查询，并采取防治工业固体废物污染环境的措施。

禁止向生活垃圾收集设施中投放工业固体废物。

第三十七条 产生工业固体废物的单位委托他人运输、利用、处置工业固体废物的，应当对受托方的主体资格和技术能力进行核实，依法签订书面合同，在合同中约定污染防治要求。

受托方运输、利用、处置工业固体废物，应当依照有关法律法规的规定和合同约定履行污染防治要求，并将运输、利用、处置情况告知产生工业固体废物的单位。

产生工业固体废物的单位违反本条第一款规定的，除依照有关法律法规的规定予以处罚外，还应当与造成环境污染和生态破坏的受托方承担连带责任。

第三十八条 产生工业固体废物的单位应当依法实施清洁生产审核，合理选择和利用原材料、能源和其他资源，采用先进的生产工艺和设备，减少工业固体废物的产生量，降低工业固体废物的危害性。

第三十九条 产生工业固体废物的单位应当取得排污许可证。排污许可的具体办法和实施步骤由国务院规定。

产生工业固体废物的单位应当向所在地生态环境主管部门提供工业固体废物的种类、数量、流向、贮存、利用、处置等有关资料，以及减少工业固体废物产生、促进综合利用的具体措施，并执行排污许可管理制度的相关规定。

第四十条 产生工业固体废物的单位应当根据经济、技术条件对工业固体废物加以利用；对暂时不利用或者不能利用的，应当按照国务院生态环境等主管部门的规定建设贮存设施、场所，安全分类存放，或者采取无害化处置措施。贮存工业固体废物应当采取符合国家环境保护标准的防护措施。

建设工业固体废物贮存、处置的设施、场所，应当符合国家环境保护标准。

第四十一条 产生工业固体废物的单位终止的，应当在终止前对工业固体废物的贮存、处置的设施、场所采取污染防治措施，并对未处置的工业固体废物作出妥善处置，防止污染环境。

产生工业固体废物的单位发生变更的，变更后的单位应当按照国家有关环境保护的规定对未处置的工业固体废物及其贮存、处置的设施、场所进行安全处置或者采取有效措施保证该设施、场所安全运行。变更前当事人对工业固体废物及其贮存、处置的设施、场所的污染防治责任另有约定的，从其约定；但是，不得免除当事人的污染防治义务。

对 2005 年 4 月 1 日前已经终止的单位未处置的工业固体废物及其贮存、处置的设施、场所进行安全处置的费用，由有关人民政府承担；但是，该单位享有的土地使用权依法转让的，应当由土地使用权受让人承担处置费用。当事人另有约定的，从其约定；但是，不得免除当事人的污染防治义务。

第四十二条 矿山企业应当采取科学的开采方法和选矿工艺，减少尾矿、煤矸石、废石等矿业固体废物的产生量和贮存量。

国家鼓励采取先进工艺对尾矿、煤矸石、废石等矿业固体废物进行综合利用。

尾矿、煤矸石、废石等矿业固体废物贮存设施停止使用后，矿山企业应当按照国家有关环境保护等规定进行封场，防止造成环境污染和生态破坏。

第四章　生活垃圾

第四十三条　县级以上地方人民政府应当加快建立分类投放、分类收集、分类运输、分类处理的生活垃圾管理系统，实现生活垃圾分类制度有效覆盖。

县级以上地方人民政府应当建立生活垃圾分类工作协调机制，加强和统筹生活垃圾分类管理能力建设。

各级人民政府及其有关部门应当组织开展生活垃圾分类宣传，教育引导公众养成生活垃圾分类习惯，督促和指导生活垃圾分类工作。

第四十四条　县级以上地方人民政府应当有计划地改进燃料结构，发展清洁能源，减少燃料废渣等固体废物的产生量。

县级以上地方人民政府有关部门应当加强产品生产和流通过程管理，避免过度包装，组织净菜上市，减少生活垃圾的产生量。

第四十五条　县级以上人民政府应当统筹安排建设城乡生活垃圾收集、运输、处理设施，确定设施厂址，提高生活垃圾的综合利用和无害化处置水平，促进生活垃圾收集、处理的产业化发展，逐步建立和完善生活垃圾污染环境防治的社会服务体系。

县级以上地方人民政府有关部门应当统筹规划，合理安排回收、分拣、打包网点，促进生活垃圾的回收利用工作。

第四十六条　地方各级人民政府应当加强农村生活垃圾污染环境的防治，保护和改善农村人居环境。

国家鼓励农村生活垃圾源头减量。城乡结合部、人口密集的农村地区和其他有条件的地方，应当建立城乡一体的生活垃圾管理系统；其他农村地区应当积极探索生活垃圾管理模式，因地制宜，就近就地利用或者妥善处理生活垃圾。

第四十七条　设区的市级以上人民政府环境卫生主管部门应当制定生活垃圾清扫、收集、贮存、运输和处理设施、场所建设运行规范，发布生活垃圾分类指导目录，加强监督管理。

第四十八条　县级以上地方人民政府环境卫生等主管部门应当组织对城乡生活垃圾进行清扫、收集、运输和处理，可以通过招标等方式选择具备条件的单位从事生活垃圾的清扫、收集、运输和处理。

第四十九条 产生生活垃圾的单位、家庭和个人应当依法履行生活垃圾源头减量和分类投放义务，承担生活垃圾产生者责任。

任何单位和个人都应当依法在指定的地点分类投放生活垃圾。禁止随意倾倒、抛撒、堆放或者焚烧生活垃圾。

机关、事业单位等应当在生活垃圾分类工作中起示范带头作用。

已经分类投放的生活垃圾，应当按照规定分类收集、分类运输、分类处理。

第五十条 清扫、收集、运输、处理城乡生活垃圾，应当遵守国家有关环境保护和环境卫生管理的规定，防止污染环境。

从生活垃圾中分类并集中收集的有害垃圾，属于危险废物的，应当按照危险废物管理。

第五十一条 从事公共交通运输的经营单位，应当及时清扫、收集运输过程中产生的生活垃圾。

第五十二条 农贸市场、农产品批发市场等应当加强环境卫生管理，保持环境卫生清洁，对所产生的垃圾及时清扫、分类收集、妥善处理。

第五十三条 从事城市新区开发、旧区改建和住宅小区开发建设、村镇建设的单位，以及机场、码头、车站、公园、商场、体育场馆等公共设施、场所的经营管理单位，应当按照国家有关环境卫生的规定，配套建设生活垃圾收集设施。

县级以上地方人民政府应当统筹生活垃圾公共转运、处理设施与前款规定的收集设施的有效衔接，并加强生活垃圾分类收运体系和再生资源回收体系在规划、建设、运营等方面的融合。

第五十四条 从生活垃圾中回收的物质应当按照国家规定的用途、标准使用，不得用于生产可能危害人体健康的产品。

第五十五条 建设生活垃圾处理设施、场所，应当符合国务院生态环境主管部门和国务院住房城乡建设主管部门规定的环境保护和环境卫生标准。

鼓励相邻地区统筹生活垃圾处理设施建设，促进生活垃圾处理设施跨行政区域共建共享。

禁止擅自关闭、闲置或者拆除生活垃圾处理设施、场所；确有必要关闭、闲置或者拆除的，应当经所在地的市、县级人民政府环境卫生主管部门商所在地生态环境主管部门同意后核准，并采取防止污染环境的措施。

第五十六条 生活垃圾处理单位应当按照国家有关规定，安装使用监测设备，实时监测污染物的排放情况，将污染排放数据实时公开。监测设备应当与所在地生态环境主管部门的监控设备联网。

第五十七条 县级以上地方人民政府环境卫生主管部门负责组织开展厨余垃圾资源化、无害化处理工作。

产生、收集厨余垃圾的单位和其他生产经营者，应当将厨余垃圾交由具备相应资质条件的单位进行无害化处理。

禁止畜禽养殖场、养殖小区利用未经无害化处理的厨余垃圾饲喂畜禽。

第五十八条 县级以上地方人民政府应当按照产生者付费原则，建立生活垃圾处理收费制度。

县级以上地方人民政府制定生活垃圾处理收费标准，应当根据本地实际，结合生活垃圾分类情况，体现分类计价、计量收费等差别化管理，并充分征求公众意见。生活垃圾处理收费标准应当向社会公布。

生活垃圾处理费应当专项用于生活垃圾的收集、运输和处理等，不得挪作他用。

第五十九条 省、自治区、直辖市和设区的市、自治州可以结合实际，制定本地方生活垃圾具体管理办法。

第五章 建筑垃圾、农业固体废物等

第六十条 县级以上地方人民政府应当加强建筑垃圾污染环境的防治，建立建筑垃圾分类处理制度。

县级以上地方人民政府应当制定包括源头减量、分类处理、消纳设施和场所布局及建设等在内的建筑垃圾污染环境防治工作规划。

第六十一条 国家鼓励采用先进技术、工艺、设备和管理措施，推进建筑垃圾源头减量，建立建筑垃圾回收利用体系。

县级以上地方人民政府应当推动建筑垃圾综合利用产品应用。

第六十二条 县级以上地方人民政府环境卫生主管部门负责建筑垃圾污染环境防治工作，建立建筑垃圾全过程管理制度，规范建筑垃圾产生、收集、贮存、运输、利用、处置行为，推进综合利用，加强建筑垃圾处置设施、场所建设，保障处置安全，防止污染环境。

第六十三条 工程施工单位应当编制建筑垃圾处理方案，采取污染防治措施，并报县级以上地方人民政府环境卫生主管部门备案。

工程施工单位应当及时清运工程施工过程中产生的建筑垃圾等固体废物，并按照环境卫生主管部门的规定进行利用或者处置。

工程施工单位不得擅自倾倒、抛撒或者堆放工程施工过程中产生的建筑垃圾。

第六十四条 县级以上人民政府农业农村主管部门负责指导农业固体废物回收利用体系建设，鼓励和引导有关单位和其他生产经营者依法收集、贮存、运输、利用、处置农业固体废物，加强监督管理，防止污染环境。

第六十五条 产生秸秆、废弃农用薄膜、农药包装废弃物等农业固体废物的单位和其他生产经营者，应当采取回收利用和其他防止污染环境的措施。

从事畜禽规模养殖应当及时收集、贮存、利用或者处置养殖过程中产生的畜禽粪污等固体废物，避免造成环境污染。

禁止在人口集中地区、机场周围、交通干线附近以及当地人民政府划定的其他区域露天焚烧秸秆。

国家鼓励研究开发、生产、销售、使用在环境中可降解且无害的农用薄膜。

第六十六条 国家建立电器电子、铅蓄电池、车用动力电池等产品的生产者责任延伸制度。

电器电子、铅蓄电池、车用动力电池等产品的生产者应当按照规定以自建或者委托等方式建立与产品销售量相匹配的废旧产品回收体系，并向社会公开，实现有效回收和利用。

国家鼓励产品的生产者开展生态设计，促进资源回收利用。

第六十七条 国家对废弃电器电子产品等实行多渠道回收和集中处理制度。

禁止将废弃机动车船等交由不符合规定条件的企业或者个人回收、拆解。

拆解、利用、处置废弃电器电子产品、废弃机动车船等，应当遵守有关法律法规的规定，采取防止污染环境的措施。

第六十八条 产品和包装物的设计、制造，应当遵守国家有关清洁生产的规定。国务院标准化主管部门应当根据国家经济和技术条件、固体废物污染环境防治状况以及产品的技术要求，组织制定有关标准，防止过度包装造成环境污染。

生产经营者应当遵守限制商品过度包装的强制性标准，避免过度包装。县级以上地方人民政府市场监督管理部门和有关部门应当按照各自职责，加强对过度包装的监督管理。

生产、销售、进口依法被列入强制回收目录的产品和包装物的企业，应当按照国家有关规定对该产品和包装物进行回收。

电子商务、快递、外卖等行业应当优先采用可重复使用、易回收利用的包装物，优化物品包装，减少包装物的使用，并积极回收利用包装物。县级以上地方人民政府商务、邮政等主管部门应当加强监督管理。

国家鼓励和引导消费者使用绿色包装和减量包装。

第六十九条 国家依法禁止、限制生产、销售和使用不可降解塑料袋等一次性塑料制品。

商品零售场所开办单位、电子商务平台企业和快递企业、外卖企业应当按照国家有关规定向商务、邮政等主管部门报告塑料袋等一次性塑料制品的使用、回收情况。

国家鼓励和引导减少使用、积极回收塑料袋等一次性塑料制品，推广应用可循环、易回收、可降解的替代产品。

第七十条 旅游、住宿等行业应当按照国家有关规定推行不主动提供一次性用品。

机关、企业事业单位等的办公场所应当使用有利于保护环境的产品、设备和设施，减少使用一次性办公用品。

第七十一条 城镇污水处理设施维护运营单位或者污泥处理单位应当安全处

理污泥，保证处理后的污泥符合国家有关标准，对污泥的流向、用途、用量等进行跟踪、记录，并报告城镇排水主管部门、生态环境主管部门。

县级以上人民政府城镇排水主管部门应当将污泥处理设施纳入城镇排水与污水处理规划，推动同步建设污泥处理设施与污水处理设施，鼓励协同处理，污水处理费征收标准和补偿范围应当覆盖污泥处理成本和污水处理设施正常运营成本。

第七十二条 禁止擅自倾倒、堆放、丢弃、遗撒城镇污水处理设施产生的污泥和处理后的污泥。

禁止重金属或者其他有毒有害物质含量超标的污泥进入农用地。

从事水体清淤疏浚应当按照国家有关规定处理清淤疏浚过程中产生的底泥，防止污染环境。

第七十三条 各级各类实验室及其设立单位应当加强对实验室产生的固体废物的管理，依法收集、贮存、运输、利用、处置实验室固体废物。实验室固体废物属于危险废物的，应当按照危险废物管理。

第六章 危险废物

第七十四条 危险废物污染环境的防治，适用本章规定；本章未作规定的，适用本法其他有关规定。

第七十五条 国务院生态环境主管部门应当会同国务院有关部门制定国家危险废物名录，规定统一的危险废物鉴别标准、鉴别方法、识别标志和鉴别单位管理要求。国家危险废物名录应当动态调整。

国务院生态环境主管部门根据危险废物的危害特性和产生数量，科学评估其环境风险，实施分级分类管理，建立信息化监管体系，并通过信息化手段管理、共享危险废物转移数据和信息。

第七十六条 省、自治区、直辖市人民政府应当组织有关部门编制危险废物集中处置设施、场所的建设规划，科学评估危险废物处置需求，合理布局危险废物集中处置设施、场所，确保本行政区域的危险废物得到妥善处置。

编制危险废物集中处置设施、场所的建设规划，应当征求有关行业协会、企业事业单位、专家和公众等方面的意见。

相邻省、自治区、直辖市之间可以开展区域合作，统筹建设区域性危险废物集中处置设施、场所。

第七十七条 对危险废物的容器和包装物以及收集、贮存、运输、利用、处置危险废物的设施、场所，应当按照规定设置危险废物识别标志。

第七十八条 产生危险废物的单位，应当按照国家有关规定制定危险废物管理计划；建立危险废物管理台账，如实记录有关信息，并通过国家危险废物信息管理系统向所在地生态环境主管部门申报危险废物的种类、产生量、流向、贮存、处置等有关资料。

前款所称危险废物管理计划应当包括减少危险废物产生量和降低危险废物危害性的措施以及危险废物贮存、利用、处置措施。危险废物管理计划应当报产生危险废物的单位所在地生态环境主管部门备案。

产生危险废物的单位已经取得排污许可证的，执行排污许可管理制度的规定。

第七十九条 产生危险废物的单位，应当按照国家有关规定和环境保护标准要求贮存、利用、处置危险废物，不得擅自倾倒、堆放。

第八十条 从事收集、贮存、利用、处置危险废物经营活动的单位，应当按照国家有关规定申请取得许可证。许可证的具体管理办法由国务院制定。

禁止无许可证或者未按照许可证规定从事危险废物收集、贮存、利用、处置的经营活动。

禁止将危险废物提供或者委托给无许可证的单位或者其他生产经营者从事收集、贮存、利用、处置活动。

第八十一条 收集、贮存危险废物，应当按照危险废物特性分类进行。禁止混合收集、贮存、运输、处置性质不相容而未经安全性处置的危险废物。

贮存危险废物应当采取符合国家环境保护标准的防护措施。禁止将危险废物混入非危险废物中贮存。

从事收集、贮存、利用、处置危险废物经营活动的单位，贮存危险废物不得超过一年；确需延长期限的，应当报经颁发许可证的生态环境主管部门批准；法律、行政法规另有规定的除外。

第八十二条 转移危险废物的，应当按照国家有关规定填写、运行危险废物电子或者纸质转移联单。

跨省、自治区、直辖市转移危险废物的，应当向危险废物移出地省、自治区、直辖市人民政府生态环境主管部门申请。移出地省、自治区、直辖市人民政府生态环境主管部门应当及时商经接受地省、自治区、直辖市人民政府生态环境主管部门同意后，在规定期限内批准转移该危险废物，并将批准信息通报相关省、自治区、直辖市人民政府生态环境主管部门和交通运输主管部门。未经批准的，不得转移。

危险废物转移管理应当全程管控、提高效率，具体办法由国务院生态环境主管部门会同国务院交通运输主管部门和公安部门制定。

第八十三条 运输危险废物，应当采取防止污染环境的措施，并遵守国家有关危险货物运输管理的规定。

禁止将危险废物与旅客在同一运输工具上载运。

第八十四条 收集、贮存、运输、利用、处置危险废物的场所、设施、设备和容器、包装物及其他物品转作他用时，应当按照国家有关规定经过消除污染处理，方可使用。

第八十五条 产生、收集、贮存、运输、利用、处置危险废物的单位，应当依法制定意外事故的防范措施和应急预案，并向所在地生态环境主管部门和其他负有固体废物污染环境防治监督管理职责的部门备案；生态环境主管部门和其他负有固体废物污染环境防治监督管理职责的部门应当进行检查。

第八十六条 因发生事故或者其他突发性事件，造成危险废物严重污染环境的单位，应当立即采取有效措施消除或者减轻对环境的污染危害，及时通报可能受到污染危害的单位和居民，并向所在地生态环境主管部门和有关部门报告，接受调查处理。

第八十七条 在发生或者有证据证明可能发生危险废物严重污染环境、威胁居民生命财产安全时，生态环境主管部门或者其他负有固体废物污染环境防治监督管理职责的部门应当立即向本级人民政府和上一级人民政府有关部门报告，由人民政府采取防止或者减轻危害的有效措施。有关人民政府可以根据需要责令停止导致或者可能导致环境污染事故的作业。

第八十八条 重点危险废物集中处置设施、场所退役前，运营单位应当按照国家有关规定对设施、场所采取污染防治措施。退役的费用应当预提，列入投资概算或者生产成本，专门用于重点危险废物集中处置设施、场所的退役。具体提取和管理办法，由国务院财政部门、价格主管部门会同国务院生态环境主管部门规定。

第八十九条 禁止经中华人民共和国过境转移危险废物。

第九十条 医疗废物按照国家危险废物名录管理。县级以上地方人民政府应当加强医疗废物集中处置能力建设。

县级以上人民政府卫生健康、生态环境等主管部门应当在各自职责范围内加强对医疗废物收集、贮存、运输、处置的监督管理，防止危害公众健康、污染环境。

医疗卫生机构应当依法分类收集本单位产生的医疗废物，交由医疗废物集中处置单位处置。医疗废物集中处置单位应当及时收集、运输和处置医疗废物。

医疗卫生机构和医疗废物集中处置单位，应当采取有效措施，防止医疗废物流失、泄漏、渗漏、扩散。

第九十一条 重大传染病疫情等突发事件发生时，县级以上人民政府应当统筹协调医疗废物等危险废物收集、贮存、运输、处置等工作，保障所需的车辆、场地、处置设施和防护物资。卫生健康、生态环境、环境卫生、交通运输等主管部门应当协同配合，依法履行应急处置职责。

第七章　保障措施

第九十二条 国务院有关部门、县级以上地方人民政府及其有关部门在编制国土空间规划和相关专项规划时，应当统筹生活垃圾、建筑垃圾、危险废物等固体废物转运、集中处置等设施建设需求，保障转运、集中处置等设施用地。

第九十三条 国家采取有利于固体废物污染环境防治的经济、技术政策和措施，鼓励、支持有关方面采取有利于固体废物污染环境防治的措施，加强对从事固体废物污染环境防治工作人员的培训和指导，促进固体废物污染环境防治产业专业化、规模化发展。

第九十四条 国家鼓励和支持科研单位、固体废物产生单位、固体废物利用单位、固体废物处置单位等联合攻关，研究开发固体废物综合利用、集中处置等的新技术，推动固体废物污染环境防治技术进步。

第九十五条 各级人民政府应当加强固体废物污染环境的防治，按照事权划分的原则安排必要的资金用于下列事项：

（一）固体废物污染环境防治的科学研究、技术开发；

（二）生活垃圾分类；

（三）固体废物集中处置设施建设；

（四）重大传染病疫情等突发事件产生的医疗废物等危险废物应急处置；

（五）涉及固体废物污染环境防治的其他事项。

使用资金应当加强绩效管理和审计监督，确保资金使用效益。

第九十六条 国家鼓励和支持社会力量参与固体废物污染环境防治工作，并按照国家有关规定给予政策扶持。

第九十七条 国家发展绿色金融，鼓励金融机构加大对固体废物污染环境防治项目的信贷投放。

第九十八条 从事固体废物综合利用等固体废物污染环境防治工作的，依照法律、行政法规的规定，享受税收优惠。

国家鼓励并提倡社会各界为防治固体废物污染环境捐赠财产，并依照法律、行政法规的规定，给予税收优惠。

第九十九条 收集、贮存、运输、利用、处置危险废物的单位，应当按照国家有关规定，投保环境污染责任保险。

第一百条 国家鼓励单位和个人购买、使用综合利用产品和可重复使用产品。

县级以上人民政府及其有关部门在政府采购过程中，应当优先采购综合利用产品和可重复使用产品。

第八章 法律责任

第一百零一条 生态环境主管部门或者其他负有固体废物污染环境防治监督管理职责的部门违反本法规定，有下列行为之一，由本级人民政府或者上级人民政府有关部门责令改正，对直接负责的主管人员和其他直接责任人员依法给予处分：

（一）未依法作出行政许可或者办理批准文件的；

（二）对违法行为进行包庇的；

（三）未依法查封、扣押的；

（四）发现违法行为或者接到对违法行为的举报后未予查处的；

（五）有其他滥用职权、玩忽职守、徇私舞弊等违法行为的。

依照本法规定应当作出行政处罚决定而未作出的，上级主管部门可以直接作出行政处罚决定。

第一百零二条 违反本法规定，有下列行为之一，由生态环境主管部门责令改正，处以罚款，没收违法所得；情节严重的，报经有批准权的人民政府批准，可以责令停业或者关闭：

（一）产生、收集、贮存、运输、利用、处置固体废物的单位未依法及时公开固体废物污染环境防治信息的；

（二）生活垃圾处理单位未按照国家有关规定安装使用监测设备、实时监测污染物的排放情况并公开污染排放数据的；

（三）将列入限期淘汰名录被淘汰的设备转让给他人使用的；

（四）在生态保护红线区域、永久基本农田集中区域和其他需要特别保护的区域内，建设工业固体废物、危险废物集中贮存、利用、处置的设施、场所和生活垃圾填埋场的；

（五）转移固体废物出省、自治区、直辖市行政区域贮存、处置未经批准的；

（六）转移固体废物出省、自治区、直辖市行政区域利用未报备案的；

（七）擅自倾倒、堆放、丢弃、遗撒工业固体废物，或者未采取相应防范措施，造成工业固体废物扬散、流失、渗漏或者其他环境污染的；

（八）产生工业固体废物的单位未建立固体废物管理台账并如实记录的；

（九）产生工业固体废物的单位违反本法规定委托他人运输、利用、处置工业固体废物的；

（十）贮存工业固体废物未采取符合国家环境保护标准的防护措施的；

（十一）单位和其他生产经营者违反固体废物管理其他要求，污染环境、破坏生态的。

有前款第一项、第八项行为之一，处五万元以上二十万元以下的罚款；有前款第二项、第三项、第四项、第五项、第六项、第九项、第十项、第十一项行为之一，处十万元以上一百万元以下的罚款；有前款第七项行为，处所需处置费用一倍以上三倍以下的罚款，所需处置费用不足十万元的，按十万元计算。对前款第十一项行为的处罚，有关法律、行政法规另有规定的，适用其规定。

第一百零三条 违反本法规定，以拖延、围堵、滞留执法人员等方式拒绝、阻挠监督检查，或者在接受监督检查时弄虚作假的，由生态环境主管部门或者其他负有固体废物污染环境防治监督管理职责的部门责令改正，处五万元以上二十万元以下的罚款；对直接负责的主管人员和其他直接责任人员，处二万元以上十万元以下的罚款。

第一百零四条 违反本法规定，未依法取得排污许可证产生工业固体废物的，由生态环境主管部门责令改正或者限制生产、停产整治，处十万元以上一百万元以下的罚款；情节严重的，报经有批准权的人民政府批准，责令停业或者关闭。

第一百零五条 违反本法规定，生产经营者未遵守限制商品过度包装的强制性标准的，由县级以上地方人民政府市场监督管理部门或者有关部门责令改正；拒不改正的，处二千元以上二万元以下的罚款；情节严重的，处二万元以上十万元以下的罚款。

第一百零六条 违反本法规定，未遵守国家有关禁止、限制使用不可降解塑料袋等一次性塑料制品的规定，或者未按照国家有关规定报告塑料袋等一次性塑料制品的使用情况的，由县级以上地方人民政府商务、邮政等主管部门责令改正，处一万元以上十万元以下的罚款。

第一百零七条 从事畜禽规模养殖未及时收集、贮存、利用或者处置养殖过程中产生的畜禽粪污等固体废物的，由生态环境主管部门责令改正，可以处十万元以下的罚款；情节严重的，报经有批准权的人民政府批准，责令停业或者关闭。

第一百零八条 违反本法规定，城镇污水处理设施维护运营单位或者污泥处理单位对污泥流向、用途、用量等未进行跟踪、记录，或者处理后的污泥不符合国家有关标准的，由城镇排水主管部门责令改正，给予警告；造成严重后果的，处十万元以上二十万元以下的罚款；拒不改正的，城镇排水主管部门可以指定有治理能力的单位代为治理，所需费用由违法者承担。

违反本法规定，擅自倾倒、堆放、丢弃、遗撒城镇污水处理设施产生的污泥和处理后的污泥的，由城镇排水主管部门责令改正，处二十万元以上二百万元以下的罚款，对直接负责的主管人员和其他直接责任人员处二万元以上十万元以下的罚款；造成严重后果的，处二百万元以上五百万元以下的罚款，对直接负责的主管人员和其他直接责任人员处五万元以上五十万元以下的罚款；拒不改正的，城镇排水主管部门可以指定有治理能力的单位代为治理，所需费用由违法者承担。

第一百零九条 违反本法规定，生产、销售、进口或者使用淘汰的设备，或者采用淘汰的生产工艺的，由县级以上地方人民政府指定的部门责令改正，处十万元以上一百万元以下的罚款，没收违法所得；情节严重的，由县级以上地方人民政府指定的部门提出意见，报经有批准权的人民政府批准，责令停业或者关闭。

第一百一十条 尾矿、煤矸石、废石等矿业固体废物贮存设施停止使用后，未按照国家有关环境保护规定进行封场的，由生态环境主管部门责令改正，处二十万元以上一百万元以下的罚款。

第一百一十一条 违反本法规定，有下列行为之一，由县级以上地方人民政府环境卫生主管部门责令改正，处以罚款，没收违法所得：

（一）随意倾倒、抛撒、堆放或者焚烧生活垃圾的；

（二）擅自关闭、闲置或者拆除生活垃圾处理设施、场所的；

（三）工程施工单位未编制建筑垃圾处理方案报备案，或者未及时清运施工过程中产生的固体废物的；

（四）工程施工单位擅自倾倒、抛撒或者堆放工程施工过程中产生的建筑垃圾，或者未按照规定对施工过程中产生的固体废物进行利用或者处置的；

（五）产生、收集厨余垃圾的单位和其他生产经营者未将厨余垃圾交由具备相应资质条件的单位进行无害化处理的；

（六）畜禽养殖场、养殖小区利用未经无害化处理的厨余垃圾饲喂畜禽的；

（七）在运输过程中沿途丢弃、遗撒生活垃圾的。

单位有前款第一项、第七项行为之一，处五万元以上五十万元以下的罚款；单位有前款第二项、第三项、第四项、第五项、第六项行为之一，处十万元以上一百万元以下的罚款；个人有前款第一项、第五项、第七项行为之一，处一百元以上五百元以下的罚款。

违反本法规定，未在指定的地点分类投放生活垃圾的，由县级以上地方人民政府环境卫生主管部门责令改正；情节严重的，对单位处五万元以上五十万元以下的罚款，对个人依法处以罚款。

第一百一十二条 违反本法规定，有下列行为之一，由生态环境主管部门责令改正，处以罚款，没收违法所得；情节严重的，报经有批准权的人民政府批准，可以责令停业或者关闭：

（一）未按照规定设置危险废物识别标志的；

（二）未按照国家有关规定制定危险废物管理计划或者申报危险废物有关资料的；

（三）擅自倾倒、堆放危险废物的；

（四）将危险废物提供或者委托给无许可证的单位或者其他生产经营者从事经营活动的；

（五）未按照国家有关规定填写、运行危险废物转移联单或者未经批准擅自转移危险废物的；

（六）未按照国家环境保护标准贮存、利用、处置危险废物或者将危险废物混入非危险废物中贮存的；

（七）未经安全性处置，混合收集、贮存、运输、处置具有不相容性质的危险废物的；

（八）将危险废物与旅客在同一运输工具上载运的；

（九）未经消除污染处理，将收集、贮存、运输、处置危险废物的场所、设施、设备和容器、包装物及其他物品转作他用的；

（十）未采取相应防范措施，造成危险废物扬散、流失、渗漏或者其他环境污染的；

（十一）在运输过程中沿途丢弃、遗撒危险废物的；

（十二）未制定危险废物意外事故防范措施和应急预案的；

（十三）未按照国家有关规定建立危险废物管理台账并如实记录的。

有前款第一项、第二项、第五项、第六项、第七项、第八项、第九项、第十二项、第十三项行为之一，处十万元以上一百万元以下的罚款；有前款第三项、第四项、第十项、第十一项行为之一，处所需处置费用三倍以上五倍以下的罚款，所需处置费用不足二十万元的，按二十万元计算。

第一百一十三条 违反本法规定，危险废物产生者未按照规定处置其产生的危险废物被责令改正后拒不改正的，由生态环境主管部门组织代为处置，处置费用由危险废物产生者承担；拒不承担代为处置费用的，处代为处置费用一倍以上三倍以下的罚款。

第一百一十四条 无许可证从事收集、贮存、利用、处置危险废物经营活动的，由生态环境主管部门责令改正，处一百万元以上五百万元以下的罚款，并报经有批准权的人民政府批准，责令停业或者关闭；对法定代表人、主要负责人、直接负责的主管人员和其他责任人员，处十万元以上一百万元以下的罚款。

未按照许可证规定从事收集、贮存、利用、处置危险废物经营活动的，由生态环境主管部门责令改正，限制生产、停产整治，处五十万元以上二百万元以下的罚款；对法定代表人、主要负责人、直接负责的主管人员和其他责任人员，处五万元以上五十万元以下的罚款；情节严重的，报经有批准权的人民政府批准，责令停业或者关闭，还可以由发证机关吊销许可证。

第一百一十五条 违反本法规定，将中华人民共和国境外的固体废物输入境内的，由海关责令退运该固体废物，处五十万元以上五百万元以下的罚款。

承运人对前款规定的固体废物的退运、处置，与进口者承担连带责任。

第一百一十六条 违反本法规定，经中华人民共和国过境转移危险废物的，由海关责令退运该危险废物，处五十万元以上五百万元以下的罚款。

第一百一十七条 对已经非法入境的固体废物，由省级以上人民政府生态环境主管部门依法向海关提出处理意见，海关应当依照本法第一百一十五条的规定作出处罚决定；已经造成环境污染的，由省级以上人民政府生态环境主管部门责令进口者消除污染。

第一百一十八条 违反本法规定，造成固体废物污染环境事故的，除依法承担赔偿责任外，由生态环境主管部门依照本条第二款的规定处以罚款，责令限期采取治理措施；造成重大或者特大固体废物污染环境事故的，还可以报经有批准权的人民政府批准，责令关闭。

造成一般或者较大固体废物污染环境事故的，按照事故造成的直接经济损失的一倍以上三倍以下计算罚款；造成重大或者特大固体废物污染环境事故的，按照事故造成的直接经济损失的三倍以上五倍以下计算罚款，并对法定代表人、主要负责人、直接负责的主管人员和其他责任人员处上一年度从本单位取得的收入百分之五十以下的罚款。

第一百一十九条 单位和其他生产经营者违反本法规定排放固体废物，受到罚款处罚，被责令改正的，依法作出处罚决定的行政机关应当组织复查，发现其继续实施该违法行为的，依照《中华人民共和国环境保护法》的规定按日连续处罚。

第一百二十条 违反本法规定，有下列行为之一，尚不构成犯罪的，由公安机关对法定代表人、主要负责人、直接负责的主管人员和其他责任人员处十日以上十五日以下的拘留；情节较轻的，处五日以上十日以下的拘留：

（一）擅自倾倒、堆放、丢弃、遗撒固体废物，造成严重后果的；

（二）在生态保护红线区域、永久基本农田集中区域和其他需要特别保护的区域内，建设工业固体废物、危险废物集中贮存、利用、处置的设施、场所和生活垃圾填埋场的；

（三）将危险废物提供或者委托给无许可证的单位或者其他生产经营者堆放、利用、处置的；

（四）无许可证或者未按照许可证规定从事收集、贮存、利用、处置危险废物经营活动的；

（五）未经批准擅自转移危险废物的；

（六）未采取防范措施，造成危险废物扬散、流失、渗漏或者其他严重后果的。

第一百二十一条 固体废物污染环境、破坏生态，损害国家利益、社会公共利益的，有关机关和组织可以依照《中华人民共和国环境保护法》《中华人民共和国民事诉讼法》《中华人民共和国行政诉讼法》等法律的规定向人民法院提起诉讼。

第一百二十二条 固体废物污染环境、破坏生态给国家造成重大损失的，由设区的市级以上地方人民政府或者其指定的部门、机构组织与造成环境污染和生态破坏的单位和其他生产经营者进行磋商，要求其承担损害赔偿责任；磋商未达成一致的，可以向人民法院提起诉讼。

对于执法过程中查获的无法确定责任人或者无法退运的固体废物，由所在地县级以上地方人民政府组织处理。

第一百二十三条 违反本法规定，构成违反治安管理行为的，由公安机关依法给予治安管理处罚；构成犯罪的，依法追究刑事责任；造成人身、财产损害的，依法承担民事责任。

第九章 附 则

第一百二十四条 本法下列用语的含义：

（一）固体废物，是指在生产、生活和其他活动中产生的丧失原有利用价值或者虽未丧失利用价值但被抛弃或者放弃的固态、半固态和置于容器中的气态的物品、物质以及法律、行政法规规定纳入固体废物管理的物品、物质。经无害化加工处理，并且符合强制性国家产品质量标准，不会危害公众健康和生态安全，或者根据固体废物鉴别标准和鉴别程序认定为不属于固体废物的除外。

（二）工业固体废物，是指在工业生产活动中产生的固体废物。

（三）生活垃圾，是指在日常生活中或者为日常生活提供服务的活动中产生的固体废物，以及法律、行政法规规定视为生活垃圾的固体废物。

（四）建筑垃圾，是指建设单位、施工单位新建、改建、扩建和拆除各类建筑物、构筑物、管网等，以及居民装饰装修房屋过程中产生的弃土、弃料和其他固体废物。

（五）农业固体废物，是指在农业生产活动中产生的固体废物。

（六）危险废物，是指列入国家危险废物名录或者根据国家规定的危险废物鉴别标准和鉴别方法认定的具有危险特性的固体废物。

（七）贮存，是指将固体废物临时置于特定设施或者场所中的活动。

（八）利用，是指从固体废物中提取物质作为原材料或者燃料的活动。

（九）处置，是指将固体废物焚烧和用其他改变固体废物的物理、化学、生物特性的方法，达到减少已产生的固体废物数量、缩小固体废物体积、减少或者消除其危险成分的活动，或者将固体废物最终置于符合环境保护规定要求的填埋场的活动。

第一百二十五条　液态废物的污染防治，适用本法；但是，排入水体的废水的污染防治适用有关法律，不适用本法。

第一百二十六条　本法自 2020 年 9 月 1 日起施行。

《固体废物污染环境防治法》历史沿革

2020年4月29日，第十三届全国人民代表大会常务委员会第十七次会议表决通过《中华人民共和国固体废物污染环境防治法》。当天，国家主席习近平签署第四十三号主席令予以发布，自2020年9月1日起施行。

《中华人民共和国固体废物污染环境防治法》（以下简称《固废法》）一共经历了五次修改，本次修订是第五次修改。《固废法》也是生态环境保护领域法律中修改次数最多的一部法律，凸显了该法在生态环境保护领域的重要地位。

《固废法》最早于1995年10月30日由第八届全国人民代表大会常务委员会（以下简称全国人大常委会）第十六次会议审议通过，自1996年4月1日施行。

2004年12月29日，第十届全国人大常委会第十三次会议第一次修订，自2005年4月1日起施行。这次修订首次在环境法律中明确了“污染者承担污染防治责任”原则，还确立了 “固体废物强制回收”“控制过度包装”“固体废物污染损害举证责任倒置”等一系列法律制度，对产品的生产者、销售者、进口者、使用者及其产生的固体废物，进行全链条监管。

2013年6月29日，第十二届全国人大常委会第三次会议第一次修正，为了落实“放管服”改革的要求，将第四十四条第二款中“确有必要关闭、闲置或者拆除生活垃圾处置设施、场所的，须经所在地县级以上环卫部门和环保部门核准”修改为“市、县环卫部门和环保部门核准”。

2015年4月24日，第十二届全国人大常委会第十四次会议第二次修正，为了进一步深入落实“放管服”改革的要求，将第二十五条第一款和第二款中的“自动许可进口”修改为“非限制进口”，并删去第三款中的“进口列入自动许可进口目录的固体废物，应当依法办理自动许可手续”。

2016 年 11 月 7 日，第十二届全国人大常委会第二十四次会议第三次修正，将第四十四条第二款中“环卫部门和环保部门核准”修改为“环卫部门商环保部门同意后核准”。同时，在第五十九条中增加“跨省、自治区、直辖市转移危险废物的，应当向危险废物移出地省、自治区、直辖市人民政府环境保护行政主管部门申请”的规定 。

本次修订对法律条文进行了较大幅度的修改，充分吸收了各方面意见，全面贯彻落实习近平生态文明思想和党中央有关决策部署，进一步增强了制度规范的针对性和可操作性，从六章九十一条共 11 434 字，修改到九章一百二十六条共 18 526 字。增加了建筑垃圾、农业固体垃圾和保障措施等专章，完善了对工业固体废物、农业固体废物、生活垃圾、建筑垃圾、危险废物等的污染防治制度，特别是针对当前抗击新冠肺炎疫情过程中产生的医疗废物，提出了与时俱进的管理制度，对于打赢污染防治攻坚战，推进生态文明建设，具有重大意义。

新《固废法》体现了新形势下固体废物污染环境防治成功经验，突出问题导向，回应公众期待，满足实践需求，健全长效机制，制度规范可行，用最严格制度最严密法治保护生态环境，对加强疫情防控，打赢污染防治攻坚战，必将发挥积极作用。

2020 年（新版）与 2016 年（旧版）《固体废物污染环境防治法》对照表

（2020 年 4 月 30 日　西尔环境研究院整理）

2016 年《固体废物污染环境防治法》（旧版） 灰色划线为删除内容	2020 年《固体废物污染环境防治法》（新版） 蓝色为新增内容
第一章　总则	**第一章　总则**
第一条　为了防治固体废物污染环境，保障~~人体~~健康，维护生态安全，促进经济社会可持续发展，制定本法	**第一条**　为了保护和改善生态环境，防治固体废物污染环境，保障公众健康，维护生态安全，推进生态文明建设，促进经济社会可持续发展，制定本法
第二条　~~本法适用于中华人民共和国境内~~固体废物污染环境的防治。 固体废物污染海洋环境的防治和放射性固体废物污染环境的防治不适用本法	**第二条**　固体废物污染环境的防治适用本法。 固体废物污染海洋环境的防治和放射性固体废物污染环境的防治不适用本法

2016 年《固体废物污染环境防治法》（旧版） 灰色划线为删除内容	2020 年《固体废物污染环境防治法》（新版） 蓝色为新增内容
第三条 国家~~对固体废物污染环境的防治，实行减少固体废物的产生量和危害性、充分合理利用固体废物和无害化处置固体废物的原则，~~促进清洁生产和循环经济发展。 国家~~采取有利于固体废物综合利用活动的经济、技术政策和措施，对固体废物实行充分回收和合理利用。~~ ~~国家鼓励、支持采取有利于保护环境的集中处置固体废物的措施，促进~~固体废物污染环境防治~~产业发展~~	**第三条** 国家推行绿色发展方式，促进清洁生产和循环经济发展。 国家倡导简约适度、绿色低碳的生活方式，引导公众积极参与固体废物污染环境防治
第四条 ~~县级以上人民政府应当~~将固体废物污染环境防治~~工作纳入国民经济和社会发展计划，并采取有利于固体废物污染环境防治的经济、技术政策和措施。~~ ~~国务院有关部门、县级以上地方人民政府及其有关部门组织编制城乡建设、土地利用、区域开发、产业发展等规划，应当统筹考虑~~减少固体废物的产生量~~和危害性、~~促进固体废物的综合利用~~和无害化处置~~	**第四条** 固体废物污染环境防治坚持减量化、资源化和无害化的原则。 任何单位和个人都应当采取措施，减少固体废物的产生量，促进固体废物的综合利用，降低固体废物的危害性

2016 年《固体废物污染环境防治法》（旧版） 灰色划线为删除内容	**2020 年《固体废物污染环境防治法》（新版）** 蓝色为新增内容
第五条 ~~国家对~~固体废物污染环境防治~~实行污染者依法负责~~的原则。 ~~产品的生产者、销售者、进口者、使用者对其产生的~~固体废物依法承担~~污染防治~~责任	**第五条** 固体废物污染环境防治坚持污染担责的原则。 产生、收集、贮存、运输、利用、处置固体废物的单位和个人，应当采取措施，防止或者减少固体废物对环境的污染，对所造成的环境污染依法承担责任
第六条 国家~~鼓励、支持固体废物污染环境防治的科学研究、技术开发、推广先进的防治技术和普及~~固体废物污染环境防治~~的科学知识~~。 ~~各级人民政府应当加强防治~~固体废物污染环境~~的宣传教育，倡导有利于~~环境~~保护的生产方式和生活方式~~。	**第六条** 国家推行生活垃圾分类制度。 生活垃圾分类坚持政府推动、全民参与、城乡统筹、因地制宜、简便易行的原则
第七条 ~~国家鼓励单位和个人购买、使用再生产品和可重复利用产品~~	**第七条** 地方各级人民政府对本行政区域固体废物污染环境防治负责。 国家实行固体废物污染环境防治目标责任制和考核评价制度，将固体废物污染环境防治目标完成情况纳入考核评价的内容

2016 年《固体废物污染环境防治法》（旧版） 灰色划线为删除内容	2020 年《固体废物污染环境防治法》（新版） 蓝色为新增内容
第八条 各级人民政府对在固体废物污染环境防治工作以及相关的综合利用活动中作出显著成绩的单位和个人给予奖励。 **第九条** 任何单位和个人都有保护环境的义务，并有权对造成固体废物污染环境的单位和个人进行检举和控告	**第八条** 各级人民政府应当加强对固体废物污染环境防治工作的领导，组织、协调、督促有关部门依法履行固体废物污染环境防治监督管理职责。 省、自治区、直辖市之间可以协商建立跨行政区域固体废物污染环境的联防联控机制，统筹规划制定、设施建设、固体废物转移等工作
第十条 国务院环境保护行政主管部门对全国固体废物污染环境的防治工作实施统一监督管理。国务院有关部门在各自的职责范围内负责固体废物污染环境防治的监督管理工作。 县级以上地方人民政府环境保护行政主管部门对本行政区域内固体废物污染环境的防治工作实施统一监督管理。县级以上地方人民政府有关部门在各自的职责范围内负责固体废物污染环境防治的监督管理工作。 国务院建设行政主管部门和县级以上地方人民政府环境卫生行政主管部门负责生活垃圾清扫、收集、贮存、运输和处置的监督管理工作	**第九条** 国务院生态环境主管部门对全国固体废物污染环境防治工作实施统一监督管理。国务院发展改革、工业和信息化、自然资源、住房城乡建设、交通运输、农业农村、商务、卫生健康、海关等主管部门在各自职责范围内负责固体废物污染环境防治的监督管理工作。 地方人民政府生态环境主管部门对本行政区域固体废物污染环境防治工作实施统一监督管理。地方人民政府发展改革、工业和信息化、自然资源、住房城乡建设、交通运输、农业农村、商务、卫生健康等主管部门在各自职责范围内负责固体废物污染环境防治的监督管理工作

2016 年《固体废物污染环境防治法》（旧版） 灰色划线为删除内容	2020 年《固体废物污染环境防治法》（新版） 蓝色为新增内容
	第十条 国家鼓励、支持固体废物污染环境防治的科学研究、技术开发、先进技术推广和科学普及，加强固体废物污染环境防治科技支撑
	第十一条 国家机关、社会团体、企业事业单位、基层群众性自治组织和新闻媒体应当加强固体废物污染环境防治宣传教育和科学普及，增强公众固体废物污染环境防治意识。 学校应当开展生活垃圾分类以及其他固体废物污染环境防治知识普及和教育
	第十二条 各级人民政府对在固体废物污染环境防治工作以及相关的综合利用活动中做出显著成绩的单位和个人，按照国家有关规定给予表彰、奖励

2016 年《固体废物污染环境防治法》（旧版） 灰色划线为删除内容	2020 年《固体废物污染环境防治法》（新版） 蓝色为新增内容
	第二章　监督管理
	第十三条　县级以上人民政府应当将固体废物污染环境防治工作纳入国民经济和社会发展规划、生态环境保护规划，并采取有效措施减少固体废物的产生量、促进固体废物的综合利用、降低固体废物的危害性，最大限度降低固体废物填埋量
第二章　固体废物污染环境防治的监督管理 **第十一条**　国务院环境~~保护行政~~主管部门会同国务院有关~~行政主管~~部门根据国家环境质量标准和国家经济、技术条件，制定国家固体废物污染环境防治技术标准	**第十四条**　国务院生态环境主管部门应当会同国务院有关部门根据国家环境质量标准和国家经济、技术条件，制定固体废物鉴别标准、鉴别程序和国家固体废物污染环境防治技术标准
	第十五条　国务院标准化主管部门应当会同国务院发展改革、工业和信息化、生态环境、农业农村等主管部门，制定固体废物综合利用标准。 综合利用固体废物应当遵守生态环境法律法规，符合固体废物污染环境防治技术标准。使用固体废物综合利用产物应当符合国家规定的用途、标准

2016 年《固体废物污染环境防治法》（旧版） 灰色划线为删除内容	2020 年《固体废物污染环境防治法》（新版） 蓝色为新增内容
第十二条　国务院环境保护行政主管部门建立固体废物污染环境监测制度，制定统一的监测规范，并会同有关部门组织监测网络。 大、中城市人民政府环境保护行政主管部门应当定期发布固体废物的种类、产生量、处置状况等信息	**第十六条**　国务院生态环境主管部门应当会同国务院有关部门建立全国危险废物等固体废物污染环境防治信息平台，推进固体废物收集、转移、处置等全过程监控和信息化追溯
第十三条　建设产生固体废物的项目以及建设贮存、利用、处置固体废物的项目，必须依法进行环境影响评价，并遵守国家有关建设项目环境保护管理的规定	**第十七条**　建设产生、贮存、利用、处置固体废物的项目，应当依法进行环境影响评价，并遵守国家有关建设项目环境保护管理的规定

2016 年《固体废物污染环境防治法》（旧版） 灰色划线为删除内容	2020 年《固体废物污染环境防治法》（新版） 蓝色为新增内容
第十四条 建设项目的环境影响评价文件确定需要配套建设的固体废物污染环境防治设施，必须与主体工程同时设计、同时施工、同时投入使用。固体废物污染环境防治设施必须经原审批环境影响评价文件的环境保护行政主管部门验收合格后，该建设项目方可投入生产或者使用。对固体废物污染环境防治设施的验收应当与对主体工程的验收同时进行	**第十八条** 建设项目的环境影响评价文件确定需要配套建设的固体废物污染环境防治设施，应当与主体工程同时设计、同时施工、同时投入使用。建设项目的初步设计，应当按照环境保护设计规范的要求，将固体废物污染环境防治内容纳入环境影响评价文件，落实防治固体废物污染环境和破坏生态的措施以及固体废物污染环境防治设施投资概算。 建设单位应当依照有关法律法规的规定，对配套建设的固体废物污染环境防治设施进行验收，编制验收报告，并向社会公开
第三章 固体废物污染环境的防治 **第一节 一般规定**	
第十六条 产生固体废物的单位和个人，应当采取措施，防止或者减少固体废物对环境的污染	**第十九条** 收集、贮存、运输、利用、处置固体废物的单位和其他生产经营者，应当加强对相关设施、设备和场所的管理和维护，保证其正常运行和使用

2016 年《固体废物污染环境防治法》（旧版） 灰色划线为删除内容	2020 年《固体废物污染环境防治法》（新版） 蓝色为新增内容
第十七条 收集、贮存、运输、利用、处置固体废物的单位和个人，必须采取防扬散、防流失、防渗漏或者其他防止污染环境的措施；不得擅自倾倒、堆放、丢弃、遗撒固体废物。 禁止任何单位或者个人向江河、湖泊、运河、渠道、水库及其最高水位线以下的滩地和岸坡等法律、法规规定~~禁止倾倒、堆放废弃物的~~地点倾倒、堆放固体废物	**第二十条** 产生、收集、贮存、运输、利用、处置固体废物的单位和其他生产经营者，应当采取防扬散、防流失、防渗漏或者其他防止污染环境的措施，不得擅自倾倒、堆放、丢弃、遗撒固体废物。 禁止任何单位或者个人向江河、湖泊、运河、渠道、水库及其最高水位线以下的滩地和岸坡以及法律法规规定的其他地点倾倒、堆放、贮存固体废物
第十八条 产品和包装物的设计、制造，应当遵守国家有关清洁生产的规定。国务院标准化行政主管部门应当根据国家经济和技术条件、固体废物污染环境防治状况以及产品的技术要求，组织制定有关标准，防止过度包装造成环境污染。 生产、销售、进口依法被列入强制回收目录的产品和包装物的企业，必须按照国家有关规定对该产品和包装物进行回收	**第六十八条** 产品和包装物的设计、制造，应当遵守国家有关清洁生产的规定。国务院标准化主管部门应当根据国家经济和技术条件、固体废物污染环境防治状况以及产品的技术要求，组织制定有关标准，防止过度包装造成环境污染。 生产经营者应当遵守限制商品过度包装的强制性标准，避免过度包装。县级以上地方人民政府市场监督管理部门和有关部门应当按照各自职责，加强对过度包装的监督管理

2016 年《固体废物污染环境防治法》（旧版） 灰色划线为删除内容	2020 年《固体废物污染环境防治法》（新版） 蓝色为新增内容
	生产、销售、进口依法被列入强制回收目录的产品和包装物的企业，应当按照国家有关规定对该产品和包装物进行回收。 电子商务、快递、外卖等行业应当优先采用可重复使用、易回收利用的包装物，优化物品包装，减少包装物的使用，并积极回收利用包装物。县级以上地方人民政府商务、邮政等主管部门应当加强监督管理。 国家鼓励和引导消费者使用绿色包装和减量包装
第十九条 ~~国家鼓励科研、生产单位研究、生产易回收利用、易处置或者在环境中可降解的薄膜覆盖物和商品包装物。~~ ~~使用农用薄膜的单位和个人，应当采取回收利用等措施，防止或者减少农用薄膜对环境的污染。~~ **第二十条** 从事畜禽规模养殖应当按照国家有关规定收集、贮存、利用或者处置养殖过程中产生的畜禽粪便，~~防止污染环境。~~ 禁止在人口集中地区、机场周围、交通干线附近以及当地人民政府划定的区域露天焚烧秸秆	**第六十五条** 产生秸秆、废弃农用薄膜、农药包装废弃物等农业固体废物的单位和其他生产经营者，应当采取回收利用和其他防止污染环境的措施。 从事畜禽规模养殖应当及时收集、贮存、利用或者处置养殖过程中产生的畜禽粪污等固体废物，避免造成环境污染。 禁止在人口集中地区、机场周围、交通干线附近以及当地人民政府划定的其他区域露天焚烧秸秆。 国家鼓励**研究开发、生产、销售、使用在环境中可降解且无害的农用薄膜**

2016 年《固体废物污染环境防治法》（旧版） 灰色划线为删除内容	2020 年《固体废物污染环境防治法》（新版） 蓝色为新增内容
第二十一条 ~~对收集、贮存、运输、处置固体废物的设施、设备和场所，应当加强管理和维护，保证其正常运行和使用~~	
第二十二条 ~~在国务院和国务院有关主管部门及省、自治区、直辖市人民政府划定的自然保护区、风景名胜区、饮用水水源保护区、~~基本农田~~保护区~~和其他需要特别保护的区域内，禁止建设工业固体废物集中贮存、处置的设施、场所和生活垃圾填埋场	**第二十一条** 在生态保护红线区域、永久基本农田集中区域和其他需要特别保护的区域内，禁止建设工业固体废物、危险废物集中贮存、利用、处置的设施、场所和生活垃圾填埋场
第二十三条 转移固体废物出省、自治区、直辖市行政区域贮存、处置的，应当向固体废物移出地的省、自治区、直辖市人民政府环境~~保护行政~~主管部门提出申请。移出地的省、自治区、直辖市人民政府环境~~保护行政~~主管部门应当商经接受地的省、自治区、直辖市人民政府环境~~保护行政~~主管部门同意后，~~方可~~批准转移该固体废物出省、自治区、直辖市行政区域。未经批准的，不得转移	**第二十二条** 转移固体废物出省、自治区、直辖市行政区域贮存、处置的，应当向固体废物移出地的省、自治区、直辖市人民政府生态环境主管部门提出申请。移出地的省、自治区、直辖市人民政府生态环境主管部门应当及时商经接受地的省、自治区、直辖市人民政府生态环境主管部门同意后，在规定期限内批准转移该固体废物出省、自治区、直辖市行政区域。未经批准的，不得转移

2016 年《固体废物污染环境防治法》（旧版）灰色划线为删除内容	2020 年《固体废物污染环境防治法》（新版）蓝色为新增内容
	转移固体废物出省、自治区、直辖市行政区域利用的，应当报固体废物移出地的省、自治区、直辖市人民政府生态环境主管部门备案。移出地的省、自治区、直辖市人民政府生态环境主管部门应当将备案信息通报接受地的省、自治区、直辖市人民政府生态环境主管部门
第二十四条 禁止中华人民共和国境外的固体废物进境倾倒、堆放、处置	**第二十三条** 禁止中华人民共和国境外的固体废物进境倾倒、堆放、处置
	第二十四条 国家逐步实现固体废物零进口，由国务院生态环境主管部门会同国务院商务、发展改革、海关等主管部门组织实施
第二十五条 ~~禁止进口不能用作原料或者不能以无害化方式利用的固体废物；对可以用作原料的固体废物实行限制进口和非限制进口分类管理~~	

2016 年《固体废物污染环境防治法》（旧版） 灰色划线为删除内容	2020 年《固体废物污染环境防治法》（新版） 蓝色为新增内容
国务院环境保护行政主管部门会同国务院对外贸易主管部门、国务院经济综合宏观调控部门、海关总署、国务院质量监督检验检疫部门制定、调整并公布禁止进口、限制进口和非限制进口的固体废物目录。 禁止进口列入禁止进口目录的固体废物。进口列入限制进口目录的固体废物，应当经国务院环境保护行政主管部门会同国务院对外贸易主管部门审查许可。 进口的固体废物必须符合国家环境保护标准，并经质量监督检验检疫部门检验合格。 进口固体废物的具体管理办法，由国务院环境保护行政主管部门会同国务院对外贸易主管部门、国务院经济综合宏观调控部门、海关总署、国务院质量监督检验检疫部门制定。 第二十六条　进口者对海关将其所进口的货物纳入固体废物管理范围不服的，可以依法申请行政复议，也可以向人民法院提起行政诉讼	**第二十五条**　海关发现进口货物疑似固体废物的，可以委托专业机构开展属性鉴别，并根据鉴别结论依法管理

2016 年《固体废物污染环境防治法》（旧版） 灰色划线为删除内容	2020 年《固体废物污染环境防治法》（新版） 蓝色为新增内容
第十五条 ~~县级以上人民政府环境保护行政主管部门~~和其他固体废物污染环境防治~~工作的监督管理部门，有权依据各自的职责对管辖范围内与固体废物污染环境防治有关的单位进行现场检查。~~被检查的单位应当如实反映情况，提供必要的资料。~~检查机关应当为被检查的单位保守技术秘密和业务秘密。~~ ~~检查机关进行现场检查时，~~可以采取现场监测、采集样品、查阅或者复制与固体废物污染环境防治相关的资料等措施。检查人员进行现场检查，应当出示证件	**第二十六条** 生态环境主管部门及其环境执法机构和其他负有固体废物污染环境防治监督管理职责的部门，在各自职责范围内有权对从事产生、收集、贮存、运输、利用、处置固体废物等活动的单位和其他生产经营者进行现场检查。被检查者应当如实反映情况，并提供必要的资料。 实施现场检查，可以采取现场监测、采集样品、查阅或者复制与固体废物污染环境防治相关的资料等措施。检查人员进行现场检查，应当出示证件。对现场检查中知悉的商业秘密应当保密
	第二十七条 有下列情形之一，生态环境主管部门和其他负有固体废物污染环境防治监督管理职责的部门，可以对违法收集、贮存、运输、利用、处置的固体废物及设施、设备、场所、工具、物品予以查封、扣押： （一）可能造成证据灭失、被隐匿或者非法转移的； （二）造成或者可能造成严重环境污染的

2016 年《固体废物污染环境防治法》（旧版） 灰色划线为删除内容	2020 年《固体废物污染环境防治法》（新版） 蓝色为新增内容
	第二十八条　生态环境主管部门应当会同有关部门建立产生、收集、贮存、运输、利用、处置固体废物的单位和其他生产经营者信用记录制度，将相关信用记录纳入全国信用信息共享平台
	第二十九条　设区的市级人民政府生态环境主管部门应当会同住房城乡建设、农业农村、卫生健康等主管部门，定期向社会发布固体废物的种类、产生量、处置能力、利用处置状况等信息。 产生、收集、贮存、运输、利用、处置固体废物的单位，应当依法及时公开固体废物污染环境防治信息，主动接受社会监督。 利用、处置固体废物的单位，应当依法向公众开放设施、场所，提高公众环境保护意识和参与程度
	第三十条　县级以上人民政府应当将工业固体废物、生活垃圾、危险废物等固体废物污染环境防治情况纳入环境状况和环境保护目标完成情况年度报告，向本级人民代表大会或者人民代表大会常务委员会报告

2016 年《固体废物污染环境防治法》（旧版） 灰色划线为删除内容	2020 年《固体废物污染环境防治法》（新版） 蓝色为新增内容
	第三十一条 任何单位和个人都有权对造成固体废物污染环境的单位和个人进行举报。 生态环境主管部门和其他负有固体废物污染环境防治监督管理职责的部门应当将固体废物污染环境防治举报方式向社会公布，方便公众举报。 接到举报的部门应当及时处理并对举报人的相关信息予以保密；对实名举报并查证属实的，给予奖励。 举报人举报所在单位的，该单位不得以解除、变更劳动合同或者其他方式对举报人进行打击报复
第二节 工业固体废物~~污染环境的防治~~	**第三章 工业固体废物**
第二十七条 国务院环境~~保护行政~~主管部门应当会同国务院~~经济综合宏观调控部门和其他有关~~部门对工业固体废物对环境的~~污染~~作出界定，制定防治工业固体废物污染环境的技术政策，组织推广先进的防治工业固体废物污染环境的生产工艺和设备	**第三十二条** 国务院生态环境主管部门应当会同国务院发展改革、工业和信息化等主管部门对工业固体废物对公众健康、生态环境的危害和影响程度等作出界定，制定防治工业固体废物污染环境的技术政策，组织推广先进的防治工业固体废物污染环境的生产工艺和设备

2016 年《固体废物污染环境防治法》（旧版） 灰色划线为删除内容	2020 年《固体废物污染环境防治法》（新版） 蓝色为新增内容
第二十八条 国务院~~经济综合宏观调控~~部门应当会同国务院有关部门组织研究、开发和推广减少工业固体废物产生量和危害性的生产工艺和设备，公布限期淘汰产生严重污染环境的工业固体废物的落后生产工艺、~~落后~~设备的名录。 生产者、销售者、进口者、使用者~~必须~~在国务院~~经济综合宏观调控~~部门会同国务院有关部门规定的期限内分别停止生产、销售、进口或者使用列入前款规定~~的~~名录中的设备。生产工艺的采用者~~必须~~在国务院~~经济综合宏观调控~~部门会同国务院有关部门规定的期限内停止采用列入前款规定~~的~~名录中的工艺。 列入限期淘汰名录被淘汰的设备，不得转让给他人使用	**第三十三条** 国务院工业和信息化主管部门应当会同国务院有关部门组织研究开发、推广减少工业固体废物产生量和降低工业固体废物危害性的生产工艺和设备，公布限期淘汰产生严重污染环境的工业固体废物的落后生产工艺、设备的名录。 生产者、销售者、进口者、使用者应当在国务院工业和信息化主管部门会同国务院有关部门规定的期限内分别停止生产、销售、进口或者使用列入前款规定名录中的设备。生产工艺的采用者应当在国务院工业和信息化主管部门会同国务院有关部门规定的期限内停止采用列入前款规定名录中的工艺。 列入限期淘汰名录被淘汰的设备，不得转让给他人使用
	第三十四条 国务院工业和信息化主管部门应当会同国务院发展改革、生态环境等主管部门，定期发布工业固体废物综合利用技术、工艺、设备和产品导向目录，组织开展工业固体废物资源综合利用评价，推动工业固体废物综合利用

2016 年《固体废物污染环境防治法》（旧版）灰色划线为删除内容	2020 年《固体废物污染环境防治法》（新版）蓝色为新增内容
第二十九条　县级以上人民政府有关部门应当制定工业固体废物污染环境防治工作规划，推广能够减少工业固体废物产生量和危害性的先进生产工艺和设备，推动工业固体废物污染环境防治工作	**第三十五条**　县级以上地方人民政府应当制定工业固体废物污染环境防治工作规划，组织建设工业固体废物集中处置等设施，推动工业固体废物污染环境防治工作
第三十条　产生工业固体废物的单位应当建立、健全污染环境防治责任制度，采取防治工业固体废物污染环境的措施	**第三十六条**　产生工业固体废物的单位应当建立健全工业固体废物产生、收集、贮存、运输、利用、处置全过程的污染环境防治责任制度，建立工业固体废物管理台账，如实记录产生工业固体废物的种类、数量、流向、贮存、利用、处置等信息，实现工业固体废物可追溯、可查询，并采取防治工业固体废物污染环境的措施。 禁止向生活垃圾收集设施中投放工业固体废物

2016 年《固体废物污染环境防治法》（旧版）灰色划线为删除内容	2020 年《固体废物污染环境防治法》（新版）蓝色为新增内容
	第三十七条 产生工业固体废物的单位委托他人运输、利用、处置工业固体废物的，应当对受托方的主体资格和技术能力进行核实，依法签订书面合同，在合同中约定污染防治要求。 受托方运输、利用、处置工业固体废物，应当依照有关法律法规的规定和合同约定履行污染防治要求，并将运输、利用、处置情况告知产生工业固体废物的单位。 产生工业固体废物的单位违反本条第一款规定的，除依照有关法律法规的规定予以处罚外，还应当与造成环境污染和生态破坏的受托方承担连带责任
第三十一条 ~~企业事业~~单位应当合理选择和利用原材料、能源和其他资源，采用先进的生产工艺和设备，减少工业固体废物产生量，降低工业固体废物的危害性	**第三十八条** 产生工业固体废物的单位应当依法实施清洁生产审核，合理选择和利用原材料、能源和其他资源，采用先进的生产工艺和设备，减少工业固体废物的产生量，降低工业固体废物的危害性

2016 年《固体废物污染环境防治法》（旧版）灰色划线为删除内容	2020 年《固体废物污染环境防治法》（新版）蓝色为新增内容
第三十二条 ~~国家实行~~工业固体废物~~申报登记制度。~~ 产生工业固体废物的单位~~必须按照国务院环境保护行政主管部门的规定，~~向所在地~~县级以上地方人民政府~~环境~~保护行政~~主管部门提供工业固体废物的种类、~~产生量~~、流向、贮存、处置等有关资料。 ~~前款规定的申报事项有重大改变的，应当及时申报~~	**第三十九条** 产生工业固体废物的单位应当取得排污许可证。排污许可的具体办法和实施步骤由国务院规定。 产生工业固体废物的单位应当向所在地生态环境主管部门提供工业固体废物的种类、数量、流向、贮存、利用、处置等有关资料，以及减少工业固体废物产生、促进综合利用的具体措施，并执行排污许可管理制度的相关规定
第三十三条 ~~企业事业~~单位应当根据经济、技术条件对~~其产生的~~工业固体废物加以利用；对暂时不利用或者不能利用的，~~必须~~按照国务院环境~~保护行政~~主管部门的规定建设贮存设施、场所，安全分类存放，或者采取无害化处置措施。 建设工业固体废物~~贮存、处置的设施、场所，必须~~符合国家环境保护标准。 **第三十四条** ~~禁止擅自关闭、闲置或者拆除~~工业固体废物~~污染环境防治~~设施、场所~~；确有必要关闭、闲置或者拆除的，必须经所在地县级以上地方人民政府~~环境保护~~行政主管部门核准，并采取措施，防止污染环境~~	**第四十条** 产生工业固体废物的单位应当根据经济、技术条件对工业固体废物加以利用；对暂时不利用或者不能利用的，应当按照国务院生态环境等主管部门的规定建设贮存设施、场所，安全分类存放，或者采取无害化处置措施。贮存工业固体废物应当采取符合国家环境保护标准的防护措施。 建设工业固体废物贮存、处置的设施、场所，应当符合国家环境保护标准

2016 年《固体废物污染环境防治法》（旧版） 灰色划线为删除内容	2020 年《固体废物污染环境防治法》（新版） 蓝色为新增内容
第三十五条 产生工业固体废物的单位~~需要~~终止的，应当~~事先~~对工业固体废物的贮存、处置的设施、场所采取污染防治措施，并对未处置的工业固体废物作出妥善处置，防止污染环境。 产生工业固体废物的单位发生变更的，变更后的单位应当按照国家有关环境保护的规定对未处置的工业固体废物及其贮存、处置的设施、场所进行安全处置或者采取措施保证该设施、场所安全运行。变更前当事人对工业固体废物及其贮存、处置的设施、场所的污染防治责任另有约定的，从其约定；但是，不得免除当事人的污染防治义务。 对~~本法施行前~~已经终止的单位未处置的工业固体废物及其贮存、处置的设施、场所进行安全处置的费用，由有关人民政府承担；但是，该单位享有的土地使用权依法转让的，应当由土地使用权受让人承担处置费用。当事人另有约定的，从其约定；但是，不得免除当事人的污染防治义务	**第四十一条** 产生工业固体废物的单位终止的，应当在终止前对工业固体废物的贮存、处置的设施、场所采取污染防治措施，并对未处置的工业固体废物作出妥善处置，防止污染环境。 产生工业固体废物的单位发生变更的，变更后的单位应当按照国家有关环境保护的规定对未处置的工业固体废物及其贮存、处置的设施、场所进行安全处置或者采取有效措施保证该设施、场所安全运行。变更前当事人对工业固体废物及其贮存、处置的设施、场所的污染防治责任另有约定的，从其约定；但是，不得免除当事人的污染防治义务。 对 2005 年 4 月 1 日前已经终止的单位未处置的工业固体废物及其贮存、处置的设施、场所进行安全处置的费用，由有关人民政府承担；但是，该单位享有的土地使用权依法转让的，应当由土地使用权受让人承担处置费用。当事人另有约定的，从其约定；但是，不得免除当事人的污染防治义务

2016 年《固体废物污染环境防治法》（旧版） 灰色划线为删除内容	2020 年《固体废物污染环境防治法》（新版） 蓝色为新增内容
第三十六条 矿山企业应当采取科学的开采方法和选矿工艺，减少尾矿、矸石、废石等矿业固体废物的产生量和贮存量。 尾矿、~~矸石、~~废石等矿业固体废物贮存设施停止使用后，矿山企业应当按照国家有关环境保护规定进行封场，防止造成环境污染和生态破坏	**第四十二条** 矿山企业应当采取科学的开采方法和选矿工艺，减少尾矿、煤矸石、废石等矿业固体废物的产生量和贮存量。 国家鼓励采取先进工艺对尾矿、煤矸石、废石等矿业固体废物进行综合利用。 尾矿、煤矸石、废石等矿业固体废物贮存设施停止使用后，矿山企业应当按照国家有关环境保护等规定进行封场，防止造成环境污染和生态破坏
第三节 生活垃圾~~污染环境的防治~~	**第四章 生活垃圾**
	第四十三条 县级以上地方人民政府应当加快建立分类投放、分类收集、分类运输、分类处理的生活垃圾管理系统，实现生活垃圾分类制度有效覆盖。 县级以上地方人民政府应当建立生活垃圾分类工作协调机制，加强和统筹生活垃圾分类管理能力建设。 各级人民政府及其有关部门应当组织开展生活垃圾分类宣传，教育引导公众养成生活垃圾分类习惯，督促和指导生活垃圾分类工作

2016 年《固体废物污染环境防治法》（旧版） 灰色划线为删除内容	2020 年《固体废物污染环境防治法》（新版） 蓝色为新增内容
	第四十四条 县级以上地方人民政府应当有计划地改进燃料结构，发展清洁能源，减少燃料废渣等固体废物的产生量。 县级以上地方人民政府有关部门应当加强产品生产和流通过程管理，避免过度包装，组织净菜上市，减少生活垃圾的产生量
第三十八条 县级以上人民政府应当统筹安排建设城乡生活垃圾收集、运输、处置设施，提高生活垃圾的利用率和无害化处置率，促进生活垃圾收集、处置的产业化发展，逐步建立和完善生活垃圾污染环境防治的社会服务体系	**第四十五条** 县级以上人民政府应当统筹安排建设城乡生活垃圾收集、运输、处理设施，确定设施厂址，提高生活垃圾的综合利用和无害化处置水平，促进生活垃圾收集、处理的产业化发展，逐步建立和完善生活垃圾污染环境防治的社会服务体系。 县级以上地方人民政府有关部门应当统筹规划，合理安排回收、分拣、打包网点，促进生活垃圾的回收利用工作

2016 年《固体废物污染环境防治法》（旧版）灰色划线为删除内容	2020 年《固体废物污染环境防治法》（新版）蓝色为新增内容
	第四十六条 地方各级人民政府应当加强农村生活垃圾污染环境的防治，保护和改善农村人居环境。 国家鼓励农村生活垃圾源头减量。城乡结合部、人口密集的农村地区和其他有条件的地方，应当建立城乡一体的生活垃圾管理系统；其他农村地区应当积极探索生活垃圾管理模式，因地制宜，就近就地利用或者妥善处理生活垃圾
	第四十七条 设区的市级以上人民政府环境卫生主管部门应当制定生活垃圾清扫、收集、贮存、运输和处理设施、场所建设运行规范，发布生活垃圾分类指导目录，加强监督管理
第三十九条 县级以上地方人民政府环境卫生行政主管部门应当组织对城市生活垃圾进行清扫、收集、运输和处置，可以通过招标等方式选择具备条件的单位从事生活垃圾的清扫、收集、运输和处置	**第四十八条** 县级以上地方人民政府环境卫生等主管部门应当组织对城乡生活垃圾进行清扫、收集、运输和处理，可以通过招标等方式选择具备条件的单位从事生活垃圾的清扫、收集、运输和处理

2016 年《固体废物污染环境防治法》（旧版）灰色划线为删除内容	2020 年《固体废物污染环境防治法》（新版）蓝色为新增内容
第四十条 ~~对城市~~生活垃圾应当~~按照环境卫生行政主管部门的规定，~~在指定的地点~~放置，不得~~随意倾倒、抛撒~~或者~~堆放	**第四十九条** 产生生活垃圾的单位、家庭和个人应当依法履行生活垃圾源头减量和分类投放义务，承担生活垃圾产生者责任。 任何单位和个人都应当依法在指定的地点分类投放生活垃圾。禁止随意倾倒、抛撒、堆放或者焚烧生活垃圾。 机关、事业单位等应当在生活垃圾分类工作中起示范带头作用。 已经分类投放的生活垃圾，应当按照规定分类收集、分类运输、分类处理
第四十一条 清扫、收集、运输、~~处置城市~~生活垃圾，应当遵守国家有关环境保护和环境卫生管理的规定，防止污染环境	**第五十条** 清扫、收集、运输、处理城乡生活垃圾，应当遵守国家有关环境保护和环境卫生管理的规定，防止污染环境。 从生活垃圾中分类并集中收集的有害垃圾，属于危险废物的，应当按照危险废物管理
第四十二条 ~~对城市~~生活垃圾~~应当及时清运，逐步做到~~分类收集~~和~~运输~~，并积极开展合理利用和实施无害化处置~~	**第五十一条** 从事公共交通运输的经营单位，应当及时清扫、收集运输过程中产生的生活垃圾

2016 年《固体废物污染环境防治法》（旧版） 灰色划线为删除内容	2020 年《固体废物污染环境防治法》（新版） 蓝色为新增内容
	第五十二条 农贸市场、农产品批发市场等应当加强环境卫生管理，保持环境卫生清洁，对所产生的垃圾及时清扫、分类收集、妥善处理
第四十三条 城市人民政府应当有计划地改进燃料结构，发展城市煤气、天然气、液化气和其他清洁能源。 城市人民政府有关部门应当组织净菜进城，减少城市生活垃圾。 城市人民政府有关部门应当统筹规划，合理安排收购网点，促进生活垃圾的回收利用工作	**第五十三条** 从事城市新区开发、旧区改建和住宅小区开发建设、村镇建设的单位，以及机场、码头、车站、公园、商场、体育场馆等公共设施、场所的经营管理单位，应当按照国家有关环境卫生的规定，配套建设生活垃圾收集设施。 县级以上地方人民政府应当统筹生活垃圾公共转运、处理设施与前款规定的收集设施的有效衔接，并加强生活垃圾分类收运体系和再生资源回收体系在规划、建设、运营等方面的融合
	第五十四条 从生活垃圾中回收的物质应当按照国家规定的用途、标准使用，不得用于生产可能危害人体健康的产品

2016 年《固体废物污染环境防治法》（旧版）灰色划线为删除内容	2020 年《固体废物污染环境防治法》（新版）蓝色为新增内容
第四十四条 建设生活垃圾~~处置的~~设施、场所，~~必须~~符合国务院环境~~保护行政~~主管部门和国务院建设~~行政~~主管部门规定的环境保护和环境卫生标准。 禁止擅自关闭、闲置或者拆除生活垃圾~~处置的~~设施、场所；确有必要关闭、闲置或者拆除的，~~必须~~经所在地的市、县级人民政府环境卫生~~行政~~主管部门商所在地环境~~保护行政~~主管部门同意后核准，并采取~~措施，~~防止污染环境	**第五十五条** 建设生活垃圾处理设施、场所，应当符合国务院生态环境主管部门和国务院住房城乡建设主管部门规定的环境保护和环境卫生标准。 鼓励相邻地区统筹生活垃圾处理设施建设，促进生活垃圾处理设施跨行政区域共建共享。 禁止擅自关闭、闲置或者拆除生活垃圾处理设施、场所；确有必要关闭、闲置或者拆除的，应当经所在地的市、县级人民政府环境卫生主管部门商所在地生态环境主管部门同意后核准，并采取防止污染环境的措施
第四十五条 ~~从~~生活垃圾~~中回收的物质必须~~按照国家规定~~的用途或者~~标准~~使用，不得~~用于~~生产可能危害人体健康的产品~~	**第五十六条** 生活垃圾处理单位应当按照国家有关规定，安装使用监测设备，实时监测污染物的排放情况，将污染排放数据实时公开。监测设备应当与所在地生态环境主管部门的监控设备联网

2016 年《固体废物污染环境防治法》（旧版） 灰色划线为删除内容	2020 年《固体废物污染环境防治法》（新版） 蓝色为新增内容
	第五十七条 县级以上地方人民政府环境卫生主管部门负责组织开展厨余垃圾资源化、无害化处理工作。 产生、收集厨余垃圾的单位和其他生产经营者，应当将厨余垃圾交由具备相应资质条件的单位进行无害化处理。 禁止畜禽养殖场、养殖小区利用未经无害化处理的厨余垃圾饲喂畜禽
	第五十八条 县级以上地方人民政府应当按照产生者付费原则，建立生活垃圾处理收费制度。 县级以上地方人民政府制定生活垃圾处理收费标准，应当根据本地实际，结合生活垃圾分类情况，体现分类计价、计量收费等差别化管理，并充分征求公众意见。生活垃圾处理收费标准应当向社会公布。 生活垃圾处理费应当专项用于生活垃圾的收集、运输和处理等，不得挪作他用
	第五十九条 省、自治区、直辖市和设区的市、自治州可以结合实际，制定本地方生活垃圾具体管理办法

2016 年《固体废物污染环境防治法》（旧版） 灰色划线为删除内容	2020 年《固体废物污染环境防治法》（新版） 蓝色为新增内容
	第五章　建筑垃圾、农业固体废物等
	第六十条　县级以上地方人民政府应当加强建筑垃圾污染环境的防治，建立建筑垃圾分类处理制度。 县级以上地方人民政府应当制定包括源头减量、分类处理、消纳设施和场所布局及建设等在内的建筑垃圾污染环境防治工作规划
	第六十一条　国家鼓励采用先进技术、工艺、设备和管理措施，推进建筑垃圾源头减量，建立建筑垃圾回收利用体系。 县级以上地方人民政府应当推动建筑垃圾综合利用产品应用
	第六十二条　县级以上地方人民政府环境卫生主管部门负责建筑垃圾污染环境防治工作，建立建筑垃圾全过程管理制度，规范建筑垃圾产生、收集、贮存、运输、利用、处置行为，推进综合利用，加强建筑垃圾处置设施、场所建设，保障处置安全，防止污染环境

2016 年《固体废物污染环境防治法》（旧版）灰色划线为删除内容	2020 年《固体废物污染环境防治法》（新版）蓝色为新增内容
第四十六条 工程施工单位应当及时清运工程施工过程中产生的固体废物，并按照环境卫生行政主管部门的规定进行利用或者处置	**第六十三条** 工程施工单位应当编制建筑垃圾处理方案，采取污染防治措施，并报县级以上地方人民政府环境卫生主管部门备案。 工程施工单位应当及时清运工程施工过程中产生的建筑垃圾等固体废物，并按照环境卫生主管部门的规定进行利用或者处置。 工程施工单位不得擅自倾倒、抛撒或者堆放工程施工过程中产生的建筑垃圾
第四十七条 从事公共交通运输的经营单位，应当按照国家有关规定，清扫、收集运输过程中产生的生活垃圾	
第四十八条 从事城市新区开发、旧区改建和住宅小区开发建设的单位，以及机场、码头、车站、公园、商店等公共设施、场所的经营管理单位，应当按照国家有关环境卫生的规定，配套建设生活垃圾收集设施	**第六十四条** 县级以上人民政府农业农村主管部门负责指导农业固体废物回收利用体系建设，鼓励和引导有关单位和其他生产经营者依法收集、贮存、运输、利用、处置农业固体废物，加强监督管理，防止污染环境

2016 年《固体废物污染环境防治法》（旧版） 灰色划线为删除内容	2020 年《固体废物污染环境防治法》（新版） 蓝色为新增内容
第四十九条 农村生活垃圾污染环境防治的具体办法，由地方性法规规定	**第六十五条** 产生秸秆、废弃农用薄膜、农药包装废弃物等农业固体废物的单位和其他生产经营者，应当采取回收利用和其他防止污染环境的措施。 从事畜禽规模养殖应当及时收集、贮存、利用或者处置养殖过程中产生的畜禽粪污等固体废物，避免造成环境污染。 禁止在人口集中地区、机场周围、交通干线附近以及当地人民政府划定的其他区域露天焚烧秸秆。 国家鼓励研究开发、生产、销售、使用在环境中可降解且无害的农用薄膜

2016 年《固体废物污染环境防治法》（旧版）灰色划线为删除内容	2020 年《固体废物污染环境防治法》（新版）蓝色为新增内容
	第六十六条 国家建立电器电子、铅蓄电池、车用动力电池等产品的生产者责任延伸制度。 电器电子、铅蓄电池、车用动力电池等产品的生产者应当按照规定以自建或者委托等方式建立与产品销售量相匹配的废旧产品回收体系，并向社会公开，实现有效回收和利用。 国家鼓励产品的生产者开展生态设计，促进资源回收利用
第三十七条 拆解、利用、处置废弃电器产品和~~废弃机动车船，~~应当遵守有关法律、法规的规定，采取~~措施，防止污染环境~~	**第六十七条** 国家对废弃电器电子产品等实行多渠道回收和集中处理制度。 禁止将废弃机动车船等交由不符合规定条件的企业或者个人回收、拆解。 拆解、利用、处置废弃电器电子产品、废弃机动车船等，应当遵守有关法律法规的规定，采取防止污染环境的措施

2016 年《固体废物污染环境防治法》（旧版） 灰色划线为删除内容	2020 年《固体废物污染环境防治法》（新版） 蓝色为新增内容
	第六十八条 产品和包装物的设计、制造，应当遵守国家有关清洁生产的规定。国务院标准化主管部门应当根据国家经济和技术条件、固体废物污染环境防治状况以及产品的技术要求，组织制定有关标准，防止过度包装造成环境污染。 生产经营者应当遵守限制商品过度包装的强制性标准，避免过度包装。县级以上地方人民政府市场监督管理部门和有关部门应当按照各自职责，加强对过度包装的监督管理。 生产、销售、进口依法被列入强制回收目录的产品和包装物的企业，应当按照国家有关规定对该产品和包装物进行回收。 电子商务、快递、外卖等行业应当优先采用可重复使用、易回收利用的包装物，优化物品包装，减少包装物的使用，并积极回收利用包装物。县级以上地方人民政府商务、邮政等主管部门应当加强监督管理。 国家鼓励和引导消费者使用绿色包装和减量包装

2016 年《固体废物污染环境防治法》（旧版）灰色划线为删除内容	2020 年《固体废物污染环境防治法》（新版）蓝色为新增内容
	第六十九条 国家依法禁止、限制生产、销售和使用不可降解塑料袋等一次性塑料制品。 商品零售场所开办单位、电子商务平台企业和快递企业、外卖企业应当按照国家有关规定向商务、邮政等主管部门报告塑料袋等一次性塑料制品的使用、回收情况。 国家鼓励和引导减少使用、积极回收塑料袋等一次性塑料制品，推广应用可循环、易回收、可降解的替代产品
	第七十条 旅游、住宿等行业应当按照国家有关规定推行不主动提供一次性用品。 机关、企业事业单位等的办公场所应当使用有利于保护环境的产品、设备和设施，减少使用一次性办公用品

2016 年《固体废物污染环境防治法》（旧版） 灰色划线为删除内容	2020 年《固体废物污染环境防治法》（新版） 蓝色为新增内容
	第七十一条 城镇污水处理设施维护运营单位或者污泥处理单位应当安全处理污泥，保证处理后的污泥符合国家有关标准，对污泥的流向、用途、用量等进行跟踪、记录，并报告城镇排水主管部门、生态环境主管部门。 县级以上人民政府城镇排水主管部门应当将污泥处理设施纳入城镇排水与污水处理规划，推动同步建设污泥处理设施与污水处理设施，鼓励协同处理，污水处理费征收标准和补偿范围应当覆盖污泥处理成本和污水处理设施正常运营成本
	第七十二条 禁止擅自倾倒、堆放、丢弃、遗撒城镇污水处理设施产生的污泥和处理后的污泥。 禁止重金属或者其他有毒有害物质含量超标的污泥进入农用地。 从事水体清淤疏浚应当按照国家有关规定处理清淤疏浚过程中产生的底泥，防止污染环境

2016 年《固体废物污染环境防治法》（旧版）灰色划线为删除内容	2020 年《固体废物污染环境防治法》（新版）蓝色为新增内容
	第七十三条 各级各类实验室及其设立单位应当加强对实验室产生的固体废物的管理，依法收集、贮存、运输、利用、处置实验室固体废物。实验室固体废物属于危险废物的，应当按照危险废物管理
第四章 危险废物~~污染环境防治的特别规定~~	**第六章 危险废物**
第五十条 危险废物污染环境的防治，适用本章规定；本章未作规定的，适用本法其他有关规定	**第七十四条** 危险废物污染环境的防治，适用本章规定；本章未作规定的，适用本法其他有关规定
第五十一条 国务院环境~~保护行政~~主管部门应当会同国务院有关部门制定国家危险废物名录，规定统一的危险废物鉴别标准、鉴别方法和识别标志	**第七十五条** 国务院生态环境主管部门应当会同国务院有关部门制定国家危险废物名录，规定统一的危险废物鉴别标准、鉴别方法、识别标志和鉴别单位管理要求。国家危险废物名录应当动态调整。 国务院生态环境主管部门根据危险废物的危害特性和产生数量，科学评估其环境风险，实施分级分类管理，建立信息化监管体系，并通过信息化手段管理、共享危险废物转移数据和信息

2016 年《固体废物污染环境防治法》（旧版） 灰色划线为删除内容	2020 年《固体废物污染环境防治法》（新版） 蓝色为新增内容
	第七十六条 省、自治区、直辖市人民政府应当组织有关部门编制危险废物集中处置设施、场所的建设规划，科学评估危险废物处置需求，合理布局危险废物集中处置设施、场所，确保本行政区域的危险废物得到妥善处置。 编制危险废物集中处置设施、场所的建设规划，应当征求有关行业协会、企业事业单位、专家和公众等方面的意见。 相邻省、自治区、直辖市之间可以开展区域合作，统筹建设区域性危险废物集中处置设施、场所
第五十二条 对危险废物的容器和包装物以及收集、贮存、运输、处置危险废物的设施、场所，~~必须~~设置危险废物识别标志	**第七十七条** 对危险废物的容器和包装物以及收集、贮存、运输、利用、处置危险废物的设施、场所，应当按照规定设置危险废物识别标志

2016 年《固体废物污染环境防治法》（旧版） 灰色划线为删除内容	2020 年《固体废物污染环境防治法》（新版） 蓝色为新增内容
第五十三条 产生危险废物的单位，~~必须~~按照国家有关规定制定危险废物管理计划，~~并~~向所在地~~县级以上地方人民政府~~环境~~保护行政~~主管部门申报危险废物的种类、产生量、流向、贮存、处置等有关资料。 前款所称危险废物管理计划应当包括减少危险废物产生量和危害性的措施以及危险废物贮存、利用、处置措施。危险废物管理计划应当报产生危险废物的单位所在地~~县级以上地方人民政府~~环境~~保护行政~~主管部门备案。 ~~本条规定的申报事项或者~~危险废物~~管理计划内容有重大改变的，应当及时申报~~	**第七十八条** 产生危险废物的单位，应当按照国家有关规定制定危险废物管理计划；建立危险废物管理台账，如实记录有关信息，并通过国家危险废物信息管理系统向所在地生态环境主管部门申报危险废物的种类、产生量、流向、贮存、处置等有关资料。 前款所称危险废物管理计划应当包括减少危险废物产生量和降低危险废物危害性的措施以及危险废物贮存、利用、处置措施。危险废物管理计划应当报产生危险废物的单位所在地生态环境主管部门备案。 产生危险废物的单位已经取得排污许可证的，执行排污许可管理制度的规定
第五十四条 ~~国务院环境保护行政主管部门会同国务院经济综合宏观调控部门组织编制危险废物集中处置设施、场所的建设规划，报国务院批准后实施。~~ ~~县级以上地方人民政府应当依据危险废物集中处置设施、场所的建设规划组织建设危险废物集中处置设施、场所~~	

2016 年《固体废物污染环境防治法》（旧版） 灰色划线为删除内容	2020 年《固体废物污染环境防治法》（新版） 蓝色为新增内容
第五十五条 产生危险废物的单位，~~必须~~按照国家有关规定处置危险废物，不得擅自倾倒、堆放；~~不处置的，由所在地县级以上地方人民政府环境保护行政主管部门责令限期改正；逾期不处置或者处置不符合国家有关规定的，由所在地县级以上地方人民政府环境保护行政主管部门指定单位按照国家有关规定代为处置，处置费用由产生危险废物的单位承担~~	**第七十九条** 产生危险废物的单位，应当按照国家有关规定和环境保护标准要求贮存、利用、处置危险废物，不得擅自倾倒、堆放
第五十六条 ~~以填埋方式处置危险废物不符合国务院环境保护行政主管部门规定的，应当缴纳危险废物排污费。危险废物排污费征收的具体办法由国务院规定。~~ ~~危险废物排污费用于污染环境的防治，不得挪作他用~~	

2016 年《固体废物污染环境防治法》（旧版） 灰色划线为删除内容	2020 年《固体废物污染环境防治法》（新版） 蓝色为新增内容
第五十七条　从事收集、贮存、处置危险废物经营活动的单位，必须向县级以上人民政府环境保护行政主管部门申请领取经营许可证；从事利用危险废物经营活动的单位，必须向国务院环境保护行政主管部门或者省、自治区、直辖市人民政府环境保护行政主管部门申请领取经营许可证。具体管理办法由国务院规定。 禁止无经营许可证或者不按照经营许可证规定从事危险废物收集、贮存、利用、处置的经营活动。 禁止将危险废物提供或者委托给无经营许可证的单位从事收集、贮存、利用、处置的经营活动	**第八十条**　从事收集、贮存、利用、处置危险废物经营活动的单位，应当按照国家有关规定申请取得许可证。许可证的具体管理办法由国务院制定。 禁止无许可证或者未按照许可证规定从事危险废物收集、贮存、利用、处置的经营活动。 禁止将危险废物提供或者委托给无许可证的单位或者其他生产经营者从事收集、贮存、利用、处置活动

2016 年《固体废物污染环境防治法》（旧版）灰色划线为删除内容	2020 年《固体废物污染环境防治法》（新版）蓝色为新增内容
第五十八条 收集、贮存危险废物，~~必须~~按照危险废物特性分类进行。禁止混合收集、贮存、运输、处置性质不相容而未经安全性处置的危险废物。 贮存危险废物~~必须~~采取符合国家环境保护标准的防护措施，~~并~~不得超过一年；确需延长期限的，~~必须~~报经~~原批准经营~~许可证的环境~~保护行政~~主管部门批准；法律、行政法规另有规定的除外。 ~~禁止将危险废物混入非危险废物中贮存~~	**第八十一条** 收集、贮存危险废物，应当按照危险废物特性分类进行。禁止混合收集、贮存、运输、处置性质不相容而未经安全性处置的危险废物。 贮存危险废物应当采取符合国家环境保护标准的防护措施。禁止将危险废物混入非危险废物中贮存。 从事收集、贮存、利用、处置危险废物经营活动的单位，贮存危险废物不得超过一年；确需延长期限的，应当报经颁发许可证的生态环境主管部门批准；法律、行政法规另有规定的除外

2016 年《固体废物污染环境防治法》（旧版）灰色划线为删除内容	2020 年《固体废物污染环境防治法》（新版）蓝色为新增内容
第五十九条 转移危险废物的，~~必须~~按照国家有关规定填写危险废物转移联单。跨省、自治区、直辖市转移危险废物的，应当向危险废物移出地省、自治区、直辖市人民政府环境~~保护行政~~主管部门申请。移出地省、自治区、直辖市人民政府环境~~保护行政~~主管部门应当商经接受地省、自治区、直辖市人民政府环境~~保护行政~~主管部门同意后，~~方可~~批准转移该危险废物。未经批准的，不得转移。 ~~转移危险废物途经移出地、接受地以外行政区域的，危险废物移出地设区的市级以上地方人民政府环境保护行政主管部门应当及时通知沿途经过的设区的市级以上地方人民政府环境保护行政主管部门~~	**第八十二条** 转移危险废物的，应当按照国家有关规定填写、运行危险废物电子或者纸质转移联单。 跨省、自治区、直辖市转移危险废物的，应当向危险废物移出地省、自治区、直辖市人民政府生态环境主管部门申请。移出地省、自治区、直辖市人民政府生态环境主管部门应当及时商经接受地省、自治区、直辖市人民政府生态环境主管部门同意后，在规定期限内批准转移该危险废物，并将批准信息通报相关省、自治区、直辖市人民政府生态环境主管部门和交通运输主管部门。未经批准的，不得转移。 危险废物转移管理应当全程管控、提高效率，具体办法由国务院生态环境主管部门会同国务院交通运输主管部门和公安部门制定

2016 年《固体废物污染环境防治法》（旧版）灰色划线为删除内容	2020 年《固体废物污染环境防治法》（新版）蓝色为新增内容
第六十条　运输危险废物，必须采取防止污染环境的措施，并遵守国家有关危险货物运输管理的规定。 禁止将危险废物与旅客在同一运输工具上载运	**第八十三条**　运输危险废物，应当采取防止污染环境的措施，并遵守国家有关危险货物运输管理的规定。 禁止将危险废物与旅客在同一运输工具上载运
第六十一条　收集、贮存、运输、处置危险废物的场所、设施、设备和容器、包装物及其他物品转作他用时，必须经过消除污染的处理，方可使用	**第八十四条**　收集、贮存、运输、利用、处置危险废物的场所、设施、设备和容器、包装物及其他物品转作他用时，应当按照国家有关规定经过消除污染处理，方可使用
第六十二条　产生、收集、贮存、运输、利用、处置危险废物的单位，应当制定意外事故的防范措施和应急预案，并向所在地县级以上地方人民政府环境保护行政主管部门备案；环境保护行政主管部门应当进行检查	**第八十五条**　产生、收集、贮存、运输、利用、处置危险废物的单位，应当依法制定意外事故的防范措施和应急预案，并向所在地生态环境主管部门和其他负有固体废物污染环境防治监督管理职责的部门备案；生态环境主管部门和其他负有固体废物污染环境防治监督管理职责的部门应当进行检查

2016 年《固体废物污染环境防治法》（旧版） 灰色划线为删除内容	2020 年《固体废物污染环境防治法》（新版） 蓝色为新增内容
第六十三条　因发生事故或者其他突发性事件，造成危险废物严重污染环境的单位，~~必须~~立即采取措施消除或者减轻对环境的污染危害，及时通报可能受到污染危害的单位和居民，并向所在地~~县级以上地方人民政府~~环境~~保护行政~~主管部门和有关部门报告，接受调查处理	**第八十六条**　因发生事故或者其他突发性事件，造成危险废物严重污染环境的单位，应当立即采取有效措施消除或者减轻对环境的污染危害，及时通报可能受到污染危害的单位和居民，并向所在地生态环境主管部门和有关部门报告，接受调查处理
第六十四条　在发生或者有证据证明可能发生危险废物严重污染环境、威胁居民生命财产安全时，~~县级以上地方人民政府~~环境~~保护行政~~主管部门或者其他固体废物污染环境防治~~工作的~~监督管理部门~~必须~~立即向本级人民政府和上一级人民政府有关~~行政主管~~部门报告，由人民政府采取防止或者减轻危害的有效措施。有关人民政府可以根据需要责令停止导致或者可能导致环境污染事故的作业	**第八十七条**　在发生或者有证据证明可能发生危险废物严重污染环境、威胁居民生命财产安全时，生态环境主管部门或者其他负有固体废物污染环境防治监督管理职责的部门应当立即向本级人民政府和上一级人民政府有关部门报告，由人民政府采取防止或者减轻危害的有效措施。有关人民政府可以根据需要责令停止导致或者可能导致环境污染事故的作业

2016 年《固体废物污染环境防治法》（旧版） 灰色划线为删除内容	2020 年《固体废物污染环境防治法》（新版） 蓝色为新增内容
第六十五条 重点危险废物集中处置设施、场所的退役费用应当预提，列入投资概算或者经营成本。具体提取和管理办法，由国务院财政部门、价格主管部门会同国务院环境保护行政主管部门规定	**第八十八条** 重点危险废物集中处置设施、场所退役前，运营单位应当按照国家有关规定对设施、场所采取污染防治措施。退役的费用应当预提，列入投资概算或者生产成本，专门用于重点危险废物集中处置设施、场所的退役。具体提取和管理办法，由国务院财政部门、价格主管部门会同国务院生态环境主管部门规定
第六十六条 禁止经中华人民共和国过境转移危险废物	**第八十九条** 禁止经中华人民共和国过境转移危险废物

2016 年《固体废物污染环境防治法》（旧版） 灰色划线为删除内容	2020 年《固体废物污染环境防治法》（新版） 蓝色为新增内容
	第九十条 医疗废物按照国家危险废物名录管理。县级以上地方人民政府应当加强医疗废物集中处置能力建设。 县级以上人民政府卫生健康、生态环境等主管部门应当在各自职责范围内加强对医疗废物收集、贮存、运输、处置的监督管理，防止危害公众健康、污染环境。 医疗卫生机构应当依法分类收集本单位产生的医疗废物，交由医疗废物集中处置单位处置。医疗废物集中处置单位应当及时收集、运输和处置医疗废物。 医疗卫生机构和医疗废物集中处置单位，应当采取有效措施，防止医疗废物流失、泄漏、渗漏、扩散
	第九十一条 重大传染病疫情等突发事件发生时，县级以上人民政府应当统筹协调医疗废物等危险废物收集、贮存、运输、处置等工作，保障所需的车辆、场地、处置设施和防护物资。卫生健康、生态环境、环境卫生、交通运输等主管部门应当协同配合，依法履行应急处置职责

2016 年《固体废物污染环境防治法》（旧版）灰色划线为删除内容	2020 年《固体废物污染环境防治法》（新版）蓝色为新增内容
	第七章　保障措施
	第九十二条　国务院有关部门、县级以上地方人民政府及其有关部门在编制国土空间规划和相关专项规划时，应当统筹生活垃圾、建筑垃圾、危险废物等固体废物转运、集中处置等设施建设需求，保障转运、集中处置等设施用地
	第九十三条　国家采取有利于固体废物污染环境防治的经济、技术政策和措施，鼓励、支持有关方面采取有利于固体废物污染环境防治的措施，加强对从事固体废物污染环境防治工作人员的培训和指导，促进固体废物污染环境防治产业专业化、规模化发展
	第九十四条　国家鼓励和支持科研单位、固体废物产生单位、固体废物利用单位、固体废物处置单位等联合攻关，研究开发固体废物综合利用、集中处置等的新技术，推动固体废物污染环境防治技术进步

2016 年《固体废物污染环境防治法》（旧版）灰色划线为删除内容	2020 年《固体废物污染环境防治法》（新版）蓝色为新增内容
	第九十五条　各级人民政府应当加强固体废物污染环境的防治，按照事权划分的原则安排必要的资金用于下列事项： （一）固体废物污染环境防治的科学研究、技术开发； （二）生活垃圾分类； （三）固体废物集中处置设施建设； （四）重大传染病疫情等突发事件产生的医疗废物等危险废物应急处置； （五）涉及固体废物污染环境防治的其他事项。 使用资金应当加强绩效管理和审计监督，确保资金使用效益
	第九十六条　国家鼓励和支持社会力量参与固体废物污染环境防治工作，并按照国家有关规定给予政策扶持
	第九十七条　国家发展绿色金融，鼓励金融机构加大对固体废物污染环境防治项目的信贷投放

2016 年《固体废物污染环境防治法》（旧版） 灰色划线为删除内容	2020 年《固体废物污染环境防治法》（新版） 蓝色为新增内容
	第九十八条　从事固体废物综合利用等固体废物污染环境防治工作的，依照法律、行政法规的规定，享受税收优惠。 国家鼓励并提倡社会各界为防治固体废物污染环境捐赠财产，并依照法律、行政法规的规定，给予税收优惠
	第九十九条　收集、贮存、运输、利用、处置危险废物的单位，应当按照国家有关规定，投保环境污染责任保险
	第一百条　国家鼓励单位和个人购买、使用综合利用产品和可重复使用产品。 县级以上人民政府及其有关部门在政府采购过程中，应当优先采购综合利用产品和可重复使用产品

2016 年《固体废物污染环境防治法》（旧版）灰色划线为删除内容	2020 年《固体废物污染环境防治法》（新版）蓝色为新增内容
第五章　法律责任	**第八章　法律责任**
第六十七条　~~县级以上人民政府环境保护行政~~主管部门或者其他固体废物污染环境防治~~工作的~~监督管理部门违反本法规定，有下列行为之一~~的~~，由本级人民政府或者上级人民政府有关~~行政主管~~部门责令改正，对~~负有责任~~的主管人员和其他直接责任人员依法给予~~行政处分；构成犯罪的，依法追究刑事责任~~： （一）~~不~~依法作出行政许可或者办理批准文件的； （二）发现违法行为或者接到对违法行为的举报后~~不予~~查处的； （三）有~~不依法履行监督管理职责的~~其他行为的	**第一百零一条**　生态环境主管部门或者其他负有固体废物污染环境防治监督管理职责的部门违反本法规定，有下列行为之一，由本级人民政府或者上级人民政府有关部门责令改正，对直接负责的主管人员和其他直接责任人员依法给予处分： （一）未依法作出行政许可或者办理批准文件的； （二）对违法行为进行包庇的； （三）未依法查封、扣押的； （四）发现违法行为或者接到对违法行为的举报后未予查处的； （五）有其他滥用职权、玩忽职守、徇私舞弊等违法行为的。 依照本法规定应当作出行政处罚决定而未作出的，上级主管部门可以直接作出行政处罚决定

2016年《固体废物污染环境防治法》（旧版） 灰色划线为删除内容	2020年《固体废物污染环境防治法》（新版） 蓝色为新增内容
第六十八条 违反本法规定，有下列行为之一的，由县级以上人民政府环境保护行政主管部门责令停止违法行为，限期改正，处以罚款： （一）不按照国家规定申报登记工业固体废物，或者在申报登记时弄虚作假的； （二）对暂时不利用或者不能利用的工业固体废物未建设贮存的设施、场所安全分类存放，或者未采取无害化处置措施的； （三）将列入限期淘汰名录被淘汰的设备转让给他人使用的； （四）擅自关闭、闲置或者拆除工业固体废物污染环境防治设施、场所的； （五）在自然保护区、风景名胜区、饮用水水源保护区、基本农田保护区和其他需要特别保护的区域内，建设工业固体废物集中贮存、处置的设施、场所和生活垃圾填埋场的； （六）擅自转移固体废物出省、自治区、直辖市行政区域贮存、处置的；	**第一百零二条** 违反本法规定，有下列行为之一，由生态环境主管部门责令改正，处以罚款，没收违法所得；情节严重的，报经有批准权的人民政府批准，可以责令停业或者关闭： （一）产生、收集、贮存、运输、利用、处置固体废物的单位未依法及时公开固体废物污染环境防治信息的； （二）生活垃圾处理单位未按照国家有关规定安装使用监测设备、实时监测污染物的排放情况并公开污染排放数据的； （三）将列入限期淘汰名录被淘汰的设备转让给他人使用的； （四）在生态保护红线区域、永久基本农田集中区域和其他需要特别保护的区域内，建设工业固体废物、危险废物集中贮存、利用、处置的设施、场所和生活垃圾填埋场的； （五）转移固体废物出省、自治区、直辖市行政区域贮存、处置未经批准的； （六）转移固体废物出省、自治区、直辖市行政区域利用未报备案的；

2016 年《固体废物污染环境防治法》（旧版） 灰色划线为删除内容	2020 年《固体废物污染环境防治法》（新版） 蓝色为新增内容
（七）未采取相应防范措施，造成工业固体废物扬散、流失、渗漏或者造成其他环境污染的； （八）在运输过程中沿途丢弃、遗撒工业固体废物的。 有前款第一项、第八项行为之一的，处五千元以上五万元以下的罚款；有前款第二项、第三项、第四项、第五项、第六项、第七项行为之一的，处一万元以上十万元以下的罚款	（七）擅自倾倒、堆放、丢弃、遗撒工业固体废物，或者未采取相应防范措施，造成工业固体废物扬散、流失、渗漏或者其他环境污染的； （八）产生工业固体废物的单位未建立固体废物管理台账并如实记录的； （九）产生工业固体废物的单位违反本法规定委托他人运输、利用、处置工业固体废物的； （十）贮存工业固体废物未采取符合国家环境保护标准的防护措施的； （十一）单位和其他生产经营者违反固体废物管理其他要求，污染环境、破坏生态的。 有前款第一项、第八项行为之一，处五万元以上二十万元以下的罚款；有前款第二项、第三项、第四项、第五项、第六项、第九项、第十项、第十一项行为之一，处十万元以上一百万元以下的罚款；有前款第七项行为，处所需处置费用一倍以上三倍以下的罚款，所需处置费用不足十万元的，按十万元计算。对前款第十一项行为的处罚，有关法律、行政法规另有规定的，适用其规定

2016 年《固体废物污染环境防治法》（旧版） 灰色划线为删除内容	2020 年《固体废物污染环境防治法》（新版） 蓝色为新增内容
第六十九条 ~~违反本法规定，建设项目需要配套建设的固体废物污染环境防治设施未建成、未经验收或者验收不合格，主体工程即投入生产或者使用的，由审批该建设项目环境影响评价文件的环境保护行政主管部门责令停止生产或者使用，可以并处十万元以下的罚款~~	
第七十条 违反本法规定，~~拒绝~~县级以上人民政府~~环境保护行政主管部门或者其他固体废物污染环境防治工作的~~监督管理部门~~现场检查的，由执行现场检查的~~部门责令~~限期~~改正；拒不改正~~或者在检查时弄虚作假~~的，处二千元以上二万元以下的罚款	**第一百零三条** 违反本法规定，以拖延、围堵、滞留执法人员等方式拒绝、阻挠监督检查，或者在接受监督检查时弄虚作假的，由生态环境主管部门或者其他负有固体废物污染环境防治监督管理职责的部门责令改正，处五万元以上二十万元以下的罚款；对直接负责的主管人员和其他直接责任人员，处二万元以上十万元以下的罚款
	第一百零四条 违反本法规定，未依法取得排污许可证产生工业固体废物的，由生态环境主管部门责令改正或者限制生产、停产整治，处十万元以上一百万元以下的罚款；情节严重的，报经有批准权的人民政府批准，责令停业或者关闭

2016 年《固体废物污染环境防治法》（旧版）灰色划线为删除内容	2020 年《固体废物污染环境防治法》（新版）蓝色为新增内容
	第一百零五条 违反本法规定，生产经营者未遵守限制商品过度包装的强制性标准的，由县级以上地方人民政府市场监督管理部门或者有关部门责令改正；拒不改正的，处二千元以上二万元以下的罚款；情节严重的，处二万元以上十万元以下的罚款
	第一百零六条 违反本法规定，未遵守国家有关禁止、限制使用不可降解塑料袋等一次性塑料制品的规定，或者未按照国家有关规定报告塑料袋等一次性塑料制品的使用情况的，由县级以上地方人民政府商务、邮政等主管部门责令改正，处一万元以上十万元以下的罚款
第七十一条 从事畜禽规模养殖未~~按照国家有关规定~~收集、贮存、处置畜禽~~粪便，造成环境污染的，由县级以上地方~~人民政府~~环境保护行政~~主管部门责令~~限期~~改正，可以~~处~~五万元以下的罚款	**第一百零七条** 从事畜禽规模养殖未及时收集、贮存、利用或者处置养殖过程中产生的畜禽粪污等固体废物的，由生态环境主管部门责令改正，可以处十万元以下的罚款；情节严重的，报经有批准权的人民政府批准，责令停业或者关闭

2016 年《固体废物污染环境防治法》（旧版）灰色划线为删除内容	2020 年《固体废物污染环境防治法》（新版）蓝色为新增内容
	第一百零八条 违反本法规定，城镇污水处理设施维护运营单位或者污泥处理单位对污泥流向、用途、用量等未进行跟踪、记录，或者处理后的污泥不符合国家有关标准的，由城镇排水主管部门责令改正，给予警告；造成严重后果的，处十万元以上二十万元以下的罚款；拒不改正的，城镇排水主管部门可以指定有治理能力的单位代为治理，所需费用由违法者承担。 违反本法规定，擅自倾倒、堆放、丢弃、遗撒城镇污水处理设施产生的污泥和处理后的污泥的，由城镇排水主管部门责令改正，处二十万元以上二百万元以下的罚款，对直接负责的主管人员和其他直接责任人员处二万元以上十万元以下的罚款；造成严重后果的，处二百万元以上五百万元以下的罚款，对直接负责的主管人员和其他直接责任人员处五万元以上五十万元以下的罚款；拒不改正的，城镇排水主管部门可以指定有治理能力的单位代为治理，所需费用由违法者承担

2016年《固体废物污染环境防治法》（旧版）灰色划线为删除内容	2020年《固体废物污染环境防治法》（新版）蓝色为新增内容
第七十二条 违反本法规定，生产、销售、进口或者使用淘汰的设备，或者采用淘汰的生产工艺的，由县级以上人民政府~~经济综合宏观调控~~部门责令改正；情节严重的，由县级以上人民政府~~经济综合宏观调控~~部门提出意见，~~报请同级~~人民政府~~按照国务院规定的权限决定~~停业或者关闭	**第一百零九条** 违反本法规定，生产、销售、进口或者使用淘汰的设备，或者采用淘汰的生产工艺的，由县级以上地方人民政府指定的部门责令改正，处十万元以上一百万元以下的罚款，没收违法所得；情节严重的，由县级以上地方人民政府指定的部门提出意见，报经有批准权的人民政府批准，责令停业或者关闭
第七十三条 尾矿、~~矸石~~、废石等矿业固体废物贮存设施停止使用后，未按照国家有关环境保护规定进行封场的，由~~县级以上地方人民政府~~环境保~~护行政~~主管部门责令~~限期~~改正，~~可以处五万~~元以上~~三十万元~~以下的罚款	**第一百一十条** 尾矿、煤矸石、废石等矿业固体废物贮存设施停止使用后，未按照国家有关环境保护规定进行封场的，由生态环境主管部门责令改正，处二十万元以上一百万元以下的罚款

2016 年《固体废物污染环境防治法》（旧版） 灰色划线为删除内容	2020 年《固体废物污染环境防治法》（新版） 蓝色为新增内容
第七十四条 违反本法有关城市生活垃圾污染环境防治的规定，有下列行为之一的，由县级以上地方人民政府环境卫生行政主管部门责令停止违法行为，限期改正，处以罚款： （一）随意倾倒、抛撒或者堆放生活垃圾的； （二）擅自关闭、闲置或者拆除生活垃圾处置设施、场所的； （三）工程施工单位不及时清运施工过程中产生的固体废物，造成环境污染的； （四）工程施工单位不按照环境卫生行政主管部门的规定对施工过程中产生的固体废物进行利用或者处置的； （五）在运输过程中沿途丢弃、遗撒生活垃圾的。 单位有前款第一项、第三项、第五项行为之一的，处五千元以上五万元以下的罚款；有前款第二项、第四项行为之一的，处一万元以上十万元以下的罚款。个人有前款第 项、第五项行为之一的，处二百元以下的罚款	**第一百一十一条** 违反本法规定，有下列行为之一，由县级以上地方人民政府环境卫生主管部门责令改正，处以罚款，没收违法所得： （一）随意倾倒、抛撒、堆放或者焚烧生活垃圾的； （二）擅自关闭、闲置或者拆除生活垃圾处理设施、场所的； （三）工程施工单位未编制建筑垃圾处理方案报备案，或者未及时清运施工过程中产生的固体废物的； （四）工程施工单位擅自倾倒、抛撒或者堆放工程施工过程中产生的建筑垃圾，或者未按照规定对施工过程中产生的固体废物进行利用或者处置的； （五）产生、收集厨余垃圾的单位和其他生产经营者未将厨余垃圾交由具备相应资质条件的单位进行无害化处理的；

2016年《固体废物污染环境防治法》（旧版）灰色划线为删除内容	2020年《固体废物污染环境防治法》（新版）蓝色为新增内容
	（六）畜禽养殖场、养殖小区利用未经无害化处理的厨余垃圾饲喂畜禽的； （七）在运输过程中沿途丢弃、遗撒生活垃圾的。 单位有前款第一项、第七项行为之一，处五万元以上五十万元以下的罚款；单位有前款第二项、第三项、第四项、第五项、第六项行为之一，处十万元以上一百万元以下的罚款；个人有前款第一项、第五项、第七项行为之一，处一百元以上五百元以下的罚款。 违反本法规定，未在指定的地点分类投放生活垃圾的，由县级以上地方人民政府环境卫生主管部门责令改正；情节严重的，对单位处五万元以上五十万元以下的罚款，对个人依法处以罚款

2016 年《固体废物污染环境防治法》（旧版） 灰色划线为删除内容	2020 年《固体废物污染环境防治法》（新版） 蓝色为新增内容
第七十五条 违反本法有关危险废物污染环境防治的规定，有下列行为之一的，由县级以上人民政府环境保护行政主管部门责令停止违法行为，限期改正，处以罚款： （一）不设置危险废物识别标志的； （二）不按照国家规定申报登记危险废物，或者在申报登记时弄虚作假的； （三）擅自关闭、闲置或者拆除危险废物集中处置设施、场所的； （四）不按照国家规定缴纳危险废物排污费的； （五）将危险废物提供或者委托给无经营许可证的单位从事经营活动的； （六）不按照国家规定填写危险废物转移联单或者未经批准擅自转移危险废物的； （七）将危险废物混入非危险废物中贮存的； （八）未经安全性处置，混合收集、贮存、运输、处置具有不相容性质的危险废物的；	**第一百一十二条** 违反本法规定，有下列行为之一，由生态环境主管部门责令改正，处以罚款，没收违法所得；情节严重的，报经有批准权的人民政府批准，可以责令停业或者关闭： （一）未按照规定设置危险废物识别标志的； （二）未按照国家有关规定制定危险废物管理计划或者申报危险废物有关资料的； （三）擅自倾倒、堆放危险废物的； （四）将危险废物提供或者委托给无许可证的单位或者其他生产经营者从事经营活动的； （五）未按照国家有关规定填写、运行危险废物转移联单或者未经批准擅自转移危险废物的； （六）未按照国家环境保护标准贮存、利用、处置危险废物或者将危险废物混入非危险废物中贮存的； （七）未经安全性处置，混合收集、贮存、运输、处置具有不相容性质的危险废物的； （八）将危险废物与旅客在同一运输工具上载运的；

2016 年《固体废物污染环境防治法》（旧版） 灰色划线为删除内容	2020 年《固体废物污染环境防治法》（新版） 蓝色为新增内容
（九）将危险废物与旅客在同一运输工具上载运的； （十）未经消除污染的处理将收集、贮存、运输、处置危险废物的场所、设施、设备和容器、包装物及其他物品转作他用的； （十一）未采取相应防范措施，造成危险废物扬散、流失、渗漏或者造成其他环境污染的； （十二）在运输过程中沿途丢弃、遗撒危险废物的； （十三）未制定危险废物意外事故防范措施和应急预案的。 有前款第一项、第二项、第七项、第八项、第九项、第十项、第十一项、第十二项、第十三项行为之一的，处一万元以上十万元以下的罚款；有前款第三项、第五项、第六项行为之一的，处二万元以上二十万元以下的罚款；有前款第四项行为的，限期缴纳，逾期不缴纳的，处应缴纳危险废物排污费金额一倍以上三倍以下的罚款	（九）未经消除污染处理，将收集、贮存、运输、处置危险废物的场所、设施、设备和容器、包装物及其他物品转作他用的； （十）未采取相应防范措施，造成危险废物扬散、流失、渗漏或者其他环境污染的； （十一）在运输过程中沿途丢弃、遗撒危险废物的； （十二）未制定危险废物意外事故防范措施和应急预案的； **（十三）未按照国家有关规定建立危险废物管理台账并如实记录的。** 有前款第一项、第二项、第五项、第六项、第七项、第八项、第九项、第十二项、第十三项行为之一，处十万元以上一百万元以下的罚款；有前款第三项、第四项、第十项、第十一项行为之一，处所需处置费用三倍以上五倍以下的罚款，所需处置费用不足二十万元的，按二十万元计算

2016 年《固体废物污染环境防治法》（旧版） 灰色划线为删除内容	2020 年《固体废物污染环境防治法》（新版） 蓝色为新增内容
第七十六条 违反本法规定，危险废物产生者不处置其产生的危险废物~~又不承担依法应当承担的处置费用的，由县级以上地方人民政府~~环境保护行政主管部门~~责令限期改正，~~处代为处置费用一倍以上三倍以下的罚款	**第一百一十三条** 违反本法规定，危险废物产生者未按照规定处置其产生的危险废物被责令改正后拒不改正的，由生态环境主管部门组织代为处置，处置费用由危险废物产生者承担；拒不承担代为处置费用的，处代为处置费用一倍以上三倍以下的罚款
第七十七条 无经营许可证~~或者不按照经营许可证规定~~从事收集、贮存、利用、处置危险废物经营活动的，由~~县级以上人民政府~~环境~~保护行政~~主管部门责令~~停止违法行为，没收违法所得，可以并处违法所得三倍~~以下的罚款。 不按照经营许可证规定从事前款活动的，还可以由发证机关吊销经营许可证	**第一百一十四条** 无许可证从事收集、贮存、利用、处置危险废物经营活动的，由生态环境主管部门责令改正，处一百万元以上五百万元以下的罚款，并报经有批准权的人民政府批准，责令停业或者关闭；对法定代表人、主要负责人、直接负责的主管人员和其他责任人员，处十万元以上一百万元以下的罚款。 未按照许可证规定从事收集、贮存、利用、处置危险废物经营活动的，由生态环境主管部门责令改正，限制生产、停产整治，处五十万元以上二百万元以下的罚款；对法定代表人、主要负责人、直接负责的主管人员和其他责任人员，处五万元以上五十万元以下的罚款；情节严重的，报经有批准权的人民政府批准，责令停业或者关闭，还可以由发证机关吊销许可证

2016年《固体废物污染环境防治法》（旧版） 灰色划线为删除内容	2020年《固体废物污染环境防治法》（新版） 蓝色为新增内容
第七十八条 违反本法规定，将中华人民共和国境外的固体废物~~进境倾倒、堆放、处置的，进口属于禁止进口的固体废物或者未经许可擅自进口属于限制进口的固体废物用作原料的，~~由海关责令退运该固体废物，~~可以并处十万~~元以上~~一百万~~元以下的罚款~~；构成犯罪的，依法追究刑事责任。进口者不明的，由承运人承担退运该固体废物的责任，或者承担该固体废物的处置费用~~。 ~~逃避海关监管将中华人民共和国境外~~的固体废物~~运输进境，构成犯罪的，依法追究刑事~~责任	**第一百一十五条** 违反本法规定，将中华人民共和国境外的固体废物输入境内的，由海关责令退运该固体废物，处五十万元以上五百万元以下的罚款。 承运人对前款规定的固体废物的退运、处置，与进口者承担连带责任
第七十九条 违反本法规定，经中华人民共和国过境转移危险废物的，由海关责令退运该危险废物，~~可以并处五万~~元以上~~五十万~~元以下的罚款	**第一百一十六条** 违反本法规定，经中华人民共和国过境转移危险废物的，由海关责令退运该危险废物，处五十万元以上五百万元以下的罚款
第八十条 对已经非法入境的固体废物，由省级以上人民政府环境~~保护行政~~主管部门依法向海关提出处理意见，海关应当依照本法第~~七十八条~~的规定作出处罚决定；已经造成环境污染的，由省级以上人民政府环境~~保护行政~~主管部门责令进口者消除污染	**第一百一十七条** 对已经非法入境的固体废物，由省级以上人民政府生态环境主管部门依法向海关提出处理意见，海关应当依照本法第一百一十五条的规定作出处罚决定；已经造成环境污染的，由省级以上人民政府生态环境主管部门责令进口者消除污染

2016 年《固体废物污染环境防治法》（旧版） 灰色划线为删除内容	2020 年《固体废物污染环境防治法》（新版） 蓝色为新增内容
第八十一条 ~~违反本法规定，造成固体废物严重污染环境的，由县级以上人民政府环境保护行政主管部门按照国务院规定的权限决定限期治理；逾期未完成治理任务的，由本级人民政府决定停业或者关闭~~	
第八十二条 ~~违反本法规定，~~造成固体废物污染环境事故的，~~由县级以上人民政府环境保护行政主管部门处三万元~~以上~~三十万元~~以下~~的~~罚款；造成重大~~损失~~的，按照直接损失的~~百分之三十~~计算罚款，~~但是最高不超过一百万元，对负有责任~~的主管人员和其他~~直接~~责任人员，依法给~~予行政处分；造成固体废物污染环境重大事故的，并由县级以上人民政府按照国务院规定的权限决定停业或者关闭。~~ **第八十三条** 违反本法规定，~~收集、贮存、利用、处置危险~~废物，造成~~重大环境污染事故，构成犯罪的，依法追究刑事责任~~	**第一百一十八条** 违反本法规定，造成固体废物污染环境事故的，除依法承担赔偿责任外，由生态环境主管部门依照本条第二款的规定处以罚款，责令限期采取治理措施；造成重大或者特大固体废物污染环境事故的，还可以报经有批准权的人民政府批准，责令关闭。 造成一般或者较大固体废物污染环境事故的，按照事故造成的直接经济损失的一倍以上三倍以下计算罚款；造成重大或者特大固体废物污染环境事故的，按照事故造成的直接经济损失的三倍以上五倍以下计算罚款，并对法定代表人、主要负责人、直接负责的主管人员和其他责任人员处上一年度从本单位取得的收入百分之五十以下的罚款

2016年《固体废物污染环境防治法》（旧版）灰色划线为删除内容	2020年《固体废物污染环境防治法》（新版）蓝色为新增内容
	第一百一十九条　单位和其他生产经营者违反本法规定排放固体废物，受到罚款处罚，被责令改正的，依法作出处罚决定的行政机关应当组织复查，发现其继续实施该违法行为的，依照《中华人民共和国环境保护法》的规定按日连续处罚
第八十四条　~~受到固体废物污染损害的单位和个人，有权要求依法赔偿损失。~~ ~~赔偿责任和赔偿金额的纠纷，可以根据当事人的请求，由环境保护行政主管部门或者其他固体废物污染环境防治工作的监督管理部门调解处理；调解不成的，当事人可以向人民法院提起诉讼。当事人也可以直接向人民法院提起诉讼。~~ ~~国家鼓励法律服务机构对固体废物污染环境诉讼中的受害人提供法律援助~~	

2016 年《固体废物污染环境防治法》（旧版）灰色划线为删除内容	2020 年《固体废物污染环境防治法》（新版）蓝色为新增内容
第八十五条 ~~造成固体废物污染环境的，应当排除危害，依法赔偿损失，并采取措施恢复环境原状~~	
第八十六条 ~~因固体废物污染环境引起的损害赔偿诉讼，由加害人就法律规定的免责事由及其行为与损害结果之间不存在因果关系承担举证责任~~	
第八十七条 ~~固体废物污染环境的损害赔偿责任和赔偿金额的纠纷，当事人可以委托环境监测机构提供监测数据。环境监测机构应当接受委托，如实提供有关监测数据~~	

2016 年《固体废物污染环境防治法》（旧版） 灰色划线为删除内容	2020 年《固体废物污染环境防治法》（新版） 蓝色为新增内容
	第一百二十条 违反本法规定，有下列行为之一，尚不构成犯罪的，由公安机关对法定代表人、主要负责人、直接负责的主管人员和其他责任人员处十日以上十五日以下的拘留；情节较轻的，处五日以上十日以下的拘留： （一）擅自倾倒、堆放、丢弃、遗撒固体废物，造成严重后果的； （二）在生态保护红线区域、永久基本农田集中区域和其他需要特别保护的区域内，建设工业固体废物、危险废物集中贮存、利用、处置的设施、场所和生活垃圾填埋场的； （三）将危险废物提供或者委托给无许可证的单位或者其他生产经营者堆放、利用、处置的； （四）无许可证或者未按照许可证规定从事收集、贮存、利用、处置危险废物经营活动的； （五）未经批准擅自转移危险废物的； （六）未采取防范措施，造成危险废物扬散、流失、渗漏或者其他严重后果的

2016 年《固体废物污染环境防治法》（旧版） 灰色划线为删除内容	2020 年《固体废物污染环境防治法》（新版） 蓝色为新增内容
	第一百二十一条 固体废物污染环境、破坏生态，损害国家利益、社会公共利益的，有关机关和组织可以依照《中华人民共和国环境保护法》、《中华人民共和国民事诉讼法》、《中华人民共和国行政诉讼法》等法律的规定向人民法院提起诉讼
	第一百二十二条 固体废物污染环境、破坏生态给国家造成重大损失的，由设区的市级以上地方人民政府或者其指定的部门、机构组织与造成环境污染和生态破坏的单位和其他生产经营者进行磋商，要求其承担损害赔偿责任；磋商未达成一致的，可以向人民法院提起诉讼。 对于执法过程中查获的无法确定责任人或者无法退运的固体废物，由所在地县级以上地方人民政府组织处理
	第一百二十三条 违反本法规定，构成违反治安管理行为的，由公安机关依法给予治安管理处罚；构成犯罪的，依法追究刑事责任；造成人身、财产损害的，依法承担民事责任

2016 年《固体废物污染环境防治法》（旧版） 灰色划线为删除内容	2020 年《固体废物污染环境防治法》（新版） 蓝色为新增内容
第六章　附则	**第九章　附则**
第八十八条　本法下列用语的含义： （一）固体废物，是指在生产、生活和其他活动中产生的丧失原有利用价值或者虽未丧失利用价值但被抛弃或者放弃的固态、半固态和置于容器中的气态的物品、物质以及法律、行政法规规定纳入固体废物管理的物品、物质。 （二）工业固体废物，是指在工业生产活动中产生的固体废物。 （三）生活垃圾，是指在日常生活中或者为日常生活提供服务的活动中产生的固体废物以及法律、行政法规规定视为生活垃圾的固体废物。 （四）危险废物，是指列入国家危险废物名录或者根据国家规定的危险废物鉴别标准和鉴别方法认定的具有危险特性的固体废物	**第一百二十四条**　本法下列用语的含义： （一）固体废物，是指在生产、生活和其他活动中产生的丧失原有利用价值或者虽未丧失利用价值但被抛弃或者放弃的固态、半固态和置于容器中的气态的物品、物质以及法律、行政法规规定纳入固体废物管理的物品、物质。**经无害化加工处理，并且符合强制性国家产品质量标准，不会危害公众健康和生态安全，或者根据固体废物鉴别标准和鉴别程序认定为不属于固体废物的除外。** （二）工业固体废物，是指在工业生产活动中产生的固体废物。 （三）生活垃圾，是指在日常生活中或者为日常生活提供服务的活动中产生的固体废物，以及法律、行政法规规定视为生活垃圾的固体废物。 （四）**建筑垃圾，是指建设单位、施工单位新建、改建、扩建和拆除各类建筑物、构筑物、管网等，以及居民装饰装修房屋过程中产生的弃土、弃料和其他固体废物**

2016 年《固体废物污染环境防治法》（旧版） 灰色划线为删除内容	2020 年《固体废物污染环境防治法》（新版） 蓝色为新增内容
（五）贮存，是指将固体废物临时置于特定设施或者场所中的活动。 （六）处置，是指将固体废物焚烧和用其他改变固体废物的物理、化学、生物特性的方法，达到减少已产生的固体废物数量、缩小固体废物体积、减少或者消除其危险成份的活动，或者将固体废物最终置于符合环境保护规定要求的填埋场的活动。 （七）利用，是指从固体废物中提取物质作为原材料或者燃料的活动	（五）农业固体废物，是指在农业生产活动中产生的固体废物。 （六）危险废物，是指列入国家危险废物名录或者根据国家规定的危险废物鉴别标准和鉴别方法认定的具有危险特性的固体废物。 （七）贮存，是指将固体废物临时置于特定设施或者场所中的活动。 （八）利用，是指从固体废物中提取物质作为原材料或者燃料的活动。 （九）处置，是指将固体废物焚烧和用其他改变固体废物的物理、化学、生物特性的方法，达到减少已产生的固体废物数量、缩小固体废物体积、减少或者消除其危险成分的活动，或者将固体废物最终置于符合环境保护规定要求的填埋场的活动
第八十九条　液态废物的污染防治，适用本法；但是，排入水体的废水的污染防治适用有关法律，不适用本法	**第一百二十五条**　液态废物的污染防治，适用本法；但是，排入水体的废水的污染防治适用有关法律，不适用本法

2016 年《固体废物污染环境防治法》（旧版）灰色划线为删除内容	2020 年《固体废物污染环境防治法》（新版）蓝色为新增内容
第九十条 中~~华人民共和国缔结或者参加的与固体废物污染环境防治有关的国际条约与本法有不同规定的，适用国际条约的规定；但是，中华人民共和国声明保留的条款除外~~	
第九十一条 本法自~~2005 年 4 月 1 日~~起施行	**第一百二十六条** 本法自 2020 年 9 月 1 日起施行

新修订《固体废物污染环境防治法》亮点及解析

解析 1

《固体废物污染环境防治法》的十大亮点

一、 应对疫情加强医疗废物监管

当前，新冠肺炎疫情阻击战中，及时处理医疗废物是一个非常重要的环节，作为疫情防控的最后一道关口，医疗废物能否安全处置，关系着切断病毒传播途径、防止二次污染的关键。根据疫情防控要求，《固体废物污染环境防治法》（以下简称新《固废法》）增加了对医疗废物的监管要求：

一是加强名录管理。第九十条第一款规定，医疗废物按照国家危险废物名录管理，县级以上地方政府应当加强医疗废物集中处置能力建设。

二是明确监管职责。第九十条第二款规定，县级以上卫生健康、生态环境等主管部门应当在各自职责范围内加强对医疗废物收集、贮存、运输、处置的监督管理，防止危害公众健康、污染环境。

三是突出主体责任。第九十条第三款规定，医疗卫生机构应当依法分类收集本单位产生的医疗废物，交由医疗废物集中处置单位处置。医疗废物集中处置单位应当及时收集、运输和处置医疗废物。

四是完善应急保障机制。第九十一条规定，重大传染病疫情等突发事件发生时，县级以上政府应当统筹协调医疗废物等危险废物收集、贮存、运输、处置等工作，保障所需的车辆、场地、处置设施和防护物资。卫生健康、生态环境、环境卫生、交通运输等主管部门应当协同配合，依法履行应急处置职责。

第九十五条还规定，各级政府应当按照事权划分的原则，安排必要的资金用于重大传染病疫情等突发事件产生的医疗废物等危险废物的应急处置。

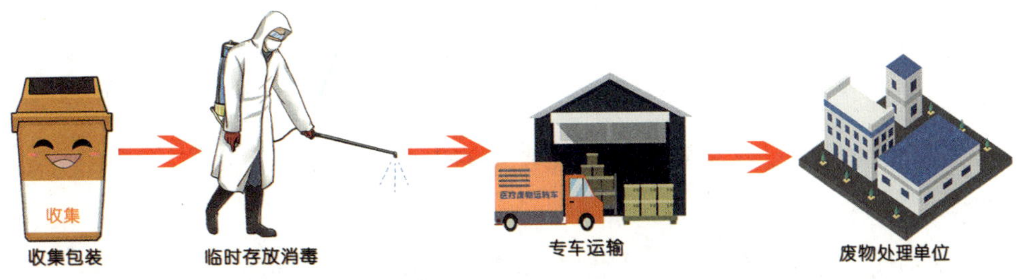

二、逐步实现固体废物零进口

2017 年 7 月 27 日，国务院办公厅发布了《禁止洋垃圾入境推进固体废物进口管理制度改革实施方案》，要求全面禁止“洋垃圾”入境，推进固体废物进口管理制度改革。2019 年全国固体废物进口总量为 1347.8 万吨，同比减少 40.4%，禁止洋垃圾入境改革的各项举措和成效，得到了社会各界普遍赞誉。

2020 年是禁止“洋垃圾”入境改革的收官之年，为进一步贯彻落实中央改革精神，为全面禁止“洋垃圾”入境改革提供法律保障，新《固废法》第二十四条规定“国家逐步基本实现固体废物零进口，由国务院生态环境主管部门会同国务院商务、发展改革、海关等主管部门组织实施”。

三、加强生活垃圾分类管理

随着城镇化的快速发展和人民生活水平的不断提升，“垃圾围城”成为全国大中型城市发展中的“痛点”。由此衍生的土地侵占、环境污染、资源浪费与满足人民群众日益增长的优美生态环境需要有一定差距。

上海市自 2019 年 7 月 1 日起开始实施生活垃圾分类制度，2020 年 5 月 1 日起，北京市也开始实施垃圾分类制度。据统计，目前全国已有 237 个地级及以上城市启动了垃圾分类，其中 46 个垃圾分类重点城市垃圾分类覆盖率已达到 53.9%，其中上海、厦门等 14 个城市生活垃圾分类覆盖率超过 70%。实践证明，垃圾分类作为推进生活垃圾减量化、资源化、无害化的主要手段之一，是防治环境污染的重要举措。

新《固废法》为加强生活垃圾分类管理提供了法治保障，一是在第一章第六条中明确国家推行生活垃圾分类制度，并明确坚持政府推动、全民参与、城乡统筹、因地制宜、简便易行的原则。二是在第四章专章规定生活垃圾分类管理机制，建立生活垃圾收费制度，推动分类投放、分类收集、分类运输、分类处理的全程体系建设，并授权省、自治区、直辖市和设区的市、自治州可以结合实际，制定具体管理办法。三是在第四十六条中明确将农村生活垃圾纳入管理范围，实现城乡生活垃圾统一管理。

在法治推动下，将会进一步加快垃圾分类进程，引导社会公众从源头对垃圾进行分拣，增强垃圾的资源价值和经济价值，从而减少垃圾总量和垃圾处理成本，达到保护生态环境的目的。

四、限制过度包装和一次性塑料制品使用

近年来，伴随网购和外卖的风行，过度包装和一次性塑料制品使用问题比较突出。国家邮政局公布的数据显示，2019 年中国快递业务量突破 600 亿件，同比增长 26.6%，仅快递所耗胶带就可以缠绕地球 1 200 余圈。

新《固废法》针对过度包装问题，在第六十八条作了以下规定：

一是国家鼓励和引导消费者使用绿色包装和减量包装，产品和包装物的设计、制造应当遵守国家有关清洁生产的规定。

二是国务院标准化主管部门应根据国家经济和技术条件、固体废物污染环境防治状况以及产品的技术要求，组织制定有关标准，防止过度包装造成环境污染。

三是强调生产经营者应当遵守限制商品过度包装的强制性标准，避免过度包装。市场监督管理部门和有关部门应当加强对过度包装的监督管理。

四是要求生产、销售、进口依法被列入强制回收目录的产品和包装物的企业，应当按照规定对该产品和包装物进行回收。

五是规定电子商务、快递、外卖等行业应当优先采用可重复使用、易回收利用的包装物，优化物品包装，减少包装物的使用，并积极回收利用包装物。商务、邮政等主管部门应当加强监督管理。

新《固废法》针对一次性塑料制品的污染治理问题，在第六十九条作了以下规定：

一是明确国家依法禁止、限制生产、销售和使用不可降解塑料袋等一次性塑料制品。

二是要求商品零售场所开办单位、电子商务平台企业、快递企业、外卖企业按照规定向商务、邮政等主管部门报告塑料袋等一次性塑料制品的使用、回收情况。

三是规定国家鼓励和引导减少使用、积极回收塑料袋等一次性塑料制品，推广应用可循环、易回收、可降解的替代产品。

新《固废法》第七十条还要求，旅游、住宿等行业应当推行不主动提供一次性用品，机关、企业事业单位等办公场所应当使用有利于保护环境的产品、设备和设施，减少使用一次性办公用品。

五、推进建筑垃圾污染防治

近年来，随着城市建设快速发展，建筑行业迅猛壮大，在工作生活环境不断改善的同时，建筑垃圾也不断增加。据统计，我国每年建筑垃圾的排放总量为 15 亿～24 亿吨，大约占城市垃圾的比例为 40%。其中，未经任何处理直接填埋的建筑垃圾约占总量的 98%，轻度分拣出废金属、废混凝土的约占 2%，资源化利用率不足 1%，远低于德国和日本的 90%、英国的 80% 和美国的 70%。

未来，随着加速推进城镇化的进程，建筑垃圾总量会越来越多，建筑垃圾的资源化利用工作亟须推进。新《固废法》加大推进建筑垃圾污染环境防治工作的力度，增加了以下规定：

一是要求政府加强建筑垃圾污染环境的防治，建立分类处理制度，制定包括源头减量、分类处理、消纳设施和场所布局及建设等在内的建筑垃圾污染环境防治工作规划。

二是明确国家鼓励采用先进技术、工艺、设备和管理措施，推进建筑垃圾源头减量，建立建筑垃圾回收利用体系。要求政府推动建筑垃圾综合利用产品应用。

三是规定环境卫生主管部门负责建筑垃圾污染环境防治工作，建立建筑垃圾全过程管理制度，规范相关行为，推进综合利用，加强建筑垃圾处置设施、场所建设，保障处置安全，防止污染环境。

四是要求工程施工单位编制建筑垃圾处理方案并报备案。明确工程施工单位不得擅自倾倒、抛撒或者堆放工程施工过程中产生的建筑垃圾。

五是规定建筑垃圾转运、集中处置等设施建设用地保障和擅自倾倒、抛撒建筑垃圾的处罚等内容。

六、完善危险废物监管制度

近年来，随着我国工业的不断发展，工业生产过程排放的危险废物日益增多。统计数据显示，2017 年全国 200 个大、中城市工业危险废物产生量为 4 010.1 万吨，2018 年达到 4 643 万吨，同比增长 15.78%。由于危险废物带来长期的环境污染和潜在的环境影响，社会公众对危险废物问题十分关注。新《固废法》回应社会公众的关切，对危险废物监管制度进行了完善。

一是建立信息化监管体系。第七十五条规定，国务院生态环境主管部门根据危险废物的危害特性和产生数量，科学评估其环境风险，实施分级分类管理，建立信息化监管体系，并通过信息化手段管理、共享危险废物转移数据和信息。同时，在第七十八条规定，产生危险废物的单位通过国家危险废物信息管理系统，向所在地生态环境主管部门申报危险废物的种类、产生量、流向、贮存、处置等有关资料。

二是动态调整国家危险废物名录。第七十五条规定，国家危险废物名录规定统一的危险废物鉴别标准、鉴别方法、识别标志和鉴别单位管理要求，并且应当动态调整。

三是强化危险废物处置设施建设。第七十六条规定，省级政府应组织有关部门编制危险废物集中处置设施、场所的建设规划，科学评估危险废物处置需求，合理布局危险废物集中处置设施、场所。并强调，相邻省、自治区、直辖市之间可以开展区域合作，统筹建设区域性危险废物集中处置设施、场所。

四是规范危险废物贮存。第八十一条明确规定，禁止混合收集、贮存、运输、

处置性质不相容而未经安全性处置的危险废物；贮存危险废物应当采取符合国家环保标准的防护措施，禁止将危险废物混入非危险废物中贮存；贮存危险废物不得超过一年，确需延长期限的，应当报经颁发许可证的生态环境主管部门批准；法律、行政法规另有规定的除外。

五是加强危险废物跨省转移管理。第八十二条规定，转移危险废物应填写、运行危险废物电子转移联单；跨省转移危险废物的，应向危险废物移出地省级政府生态环境部门申请；危险废物转移管理应当全程管控、提高效率，具体办法由国务院生态环境主管部门会同国务院交通运输主管部门和公安部门制定。

此外，新《固废法》将“危险废物经营许可证”更名为“危险废物许可证”，删去了“经营”二字，以淡化生态环境部门行业管理色彩。新《固废法》还在第七十三条对强化实验室固体废物和危险废物管理进行了规定。

七、取消固体废物防治设施验收许可

深入贯彻落实“放管服”改革精神，根据《环境影响评价法》和《建设项目环境保护管理条例》的新要求，取消了对固体废物污染防治设施验收实施的行政许可，改为建设单位自主验收。将原《固废法》第十四条中“固体废物污染环境防治设施必须经原审批环境影响评价文件的环境保护行政主管部门验收合格后，该建设项目方可投入生产或者使用”，修改为新《固废法》第十八条第二款“建设单位应当依照有关法律法规的规定，对配套建设的固体废物污染环境防治设施

进行验收，编制验收报告，并向社会公开”。

至此，所有涉及竣工验收许可的法律条款都已经修改完毕，意味着环境保护设施竣工验收许可制度彻底退出历史。

八、明确生产者责任延伸制度

生产者责任延伸制度(extended producer responsibility，EPR)，是指将生产者对其产品所承担的环境责任从生产环节延伸到产品设计、流通消费、回收利用、废物处置等全生命周期的制度。实施生产者责任延伸制度，是加快生态文明建设和绿色循环低碳发展的内在要求，对推进供给侧结构性改革和制造业转型升级具有积极意义。

近年来，我国在部分电器电子产品领域探索实行生产者责任延伸制度，取得了较好效果。为进一步推行生产者责任延伸制度，2016 年 12 月 25 日，国务院办公厅印发《生产者责任延伸制度推行方案》（国办发〔2016〕99 号），在电器电子产品、汽车和电动汽车动力电池、铅酸蓄电池、饮料纸基复合包装等领域实行生产者责任延伸制度，加快建立生产者责任延伸的制度框架和责任明确、规范有序、监管有力的激励约束机制，推动生产企业切实落实资源环境责任，提升生态文明建设水平。

为进一步推动法治引导，复制和推广实践经验，新《固废法》第六十六条规定，国家建立电器电子、铅蓄电池、车用动力电池等产品的生产者责任延伸制度。电器电子、铅蓄电池、车用动力电池等产品的生产者应当按照规定以自建或者委托等方式，建立与产品销售量相匹配的废旧产品回收体系，并向社会公开，实现有效回收。国家鼓励产品的生产者开展生态设计，促进资源回收利用。

九、推行全方位保障措施

新《固废法》专门增设了第七章“保障措施”，本章系统规定了强制保险、资金安排、政策扶持、金融支持、税收优惠、绿色采购等保障措施。从用地、设施场所建设、经济技术政策和措施、从业人员培训和指导、产业专业化和规模化发展、污染防治技术进步、政府资金安排、环境污染责任保险、社会力量参与、税收优惠等方面全方位保障固体废物污染环境防治工作。

十、实施最严格法律责任

新《固废法》在法律责任这一章，从过去共二十一条增加到现在共二十三条，增加了处罚种类，提高了罚款额度，对违法行为实行严惩重罚。例如，对擅自倾倒、堆放、丢弃、遗撒城镇污水处理设施产生的污泥和处理后的污泥的，无许可证从事收集、贮存、利用、处置危险废物经营活动的，将境外的固体废物输入境内的，以及经中国过境转移危险废物的，最高都可罚到五百万元，这在生态环境保护法律中，是最高额度的处罚。除此之外，还在第二十七条明确授予生态环境主管部门对可能造成证据灭失、被隐匿或者非法转移的，以及造成或者可能造成严重环境污染的，予以查封、扣押；在第二十八条明确了信用记录制度，将相关信用记录纳入全国信用信息共享平台；第三十一条明确了有奖举报制度，任何单位和个人都有权对造成固体废物污染环境的单位和个人进行举报，对实名举报并查证属实的，给予奖励。

解析 2

《固体废物污染环境防治法》中生态环境部门的履职重点

针对固体废物和危险废物的环境监管，是生态环境监管中专业性、复杂性、技术性最强的领域，也是引发环境纠纷风险最大的领域，同时还是环境追责最多的领域。新《固废法》对生态环境部门增加了很多实质性的责任和义务，法律责任也大大加强。《固体废物污染环境防治法》是生态环境保护领域法律中修改次数最多的一部法律，经历 5 次修改，也凸显了该法在生态环境领域的重要地位。

各级生态环境部门需要特别注意新《固废法》中生态环境部门履职重点，有以下 10 个方面：

一、“危险废物经营许可证”更名为“危险废物许可证”

新《固废法》将“危险废物经营许可证”更名为“危险废物许可证”，删去了“经营”二字，以淡化生态环境部门行业管理色彩。生态环境部门依法对收集、贮存、利用、处置危险废物的单位提出环境管理要求，并对这些单位的环境污染防治活动进行监督管理。

原《固废法》第五十七条规定，从事收集、贮存、处置危险废物经营活动的单位，向县级以上环保部门申领经营许可证；从事利用危险废物经营活动的单位，向国务院环保部门或者省级环保部门申领经营许可证。并授权由国务院制定具体管理办法。

2004 年 5 月 30 日，国务院公布了《危险废物经营许可证管理办法》（中华人民共和国国务院令　第 408 号），于 2004 年 7 月 1 日起施行。之后，分别于

2013 年 12 月 7 日和 2016 年 2 月 6 日进行了两次修订。

《危险废物经营许可证管理办法》第三条规定，危险废物经营许可证按照经营方式，分为危险废物收集、贮存、处置综合经营许可证和危险废物收集经营许可证两种。并在第七条明确，危险废物收集经营许可证，由县级环保部门审批颁发；危险废物收集、贮存、处置综合经营许可证由省级环保部门审批颁发；医疗废物集中处置单位的危险废物经营许可证，由其所在地设区的市级环保部门审批颁发。

《危险废物经营许可证管理办法》的适用范围是危险废物收集、贮存、处置许可证，并未对危险废物利用许可证进行规定。根据原《固废法》第五十七条规定，从事利用危险废物经营活动的单位，向国务院环保部门或者省级环保部门申领经营许可证。

新《固废法》第八十条规定“从事收集、贮存、利用、处置危险废物经营活动的单位，应当按照国家有关规定申请取得许可证”。即删除了原《固废法》第五十七条关于申领利用危险废物许可证的规定，且没有明确回答如何申领利用危险废物许可证。但是，新《固废法》第八十条授权“许可证的具体管理办法由国务院制定”，因此，还需尽快出台关于申领利用危险废物许可证的相关规定。

二、工业固体废物申报登记制度融入排污许可证

新《固废法》删除了原《固废法》第三十二条，即取消了工业固体废物申报登记制度，取而代之的是排污许可制度。

新《固废法》第三十九条规定，产生工业固体废物的单位应当取得排污许可证，排污许可的具体办法和实施步骤由国务院规定；产生工业固体废物的单位应当向所在地生态环境主管部门提供工业固体废物的种类、数量、流向、贮存、利用、处置等有关资料，以及减少工业固体废物产生、促进综合利用的具体措施，并执行排污许可管理制度的相关规定。

新《固废法》第七十八条规定，产生危险废物的单位已经取得排污许可证的，执行排污许可管理制度的规定。

同时，新《固废法》第一百零四条明确，未依法取得排污许可证产生工业固

体废物的，由生态环境主管部门责令改正或者限制生产、停产整治，处10万～100万元的罚款；情节严重的，报经有批准权的人民政府批准，责令停业或者关闭。

根据生态环境部《排污许可管理办法（试行）》第六条的规定，由设区的市级环保主管部门负责核发排污许可证，生态环境部负责指导全国排污许可制度实施和监督，各省级环保部门负责本行政区域排污许可制度的组织实施和监督；地方性法规对排污许可证核发权限另有规定的，从其规定。

三、取消固体废物防治设施验收许可

新《固废法》取消了环保部门对固体废物污染防治设施竣工验收的行政许可，改为由建设单位自主验收。原《固废法》第十四条中“固体废物污染环境防治设施必须经原审批环境影响评价文件的环境保护行政主管部门验收合格后，该建设项目方可投入生产或者使用”修改为新《固废法》第十八条第二款“建设单位应当依照有关法律法规的规定，对配套建设的固体废物污染环境防治设施进行验收，编制验收报告，并向社会公开”。至此，所有涉及竣工验收许可的法律条款都已经修改完毕，意味着环境保护设施竣工验收许可制度彻底退出历史。

四、工业固体废物监管任务新增较多

新《固废法》中生态环境主管部门新增的关于工业固体废物监管的任务较多，如转移固体废物出省、自治区、直辖市行政区域利用未报备案的，产生、收集、贮存、运输、利用、处置固体废物的单位没有依法及时公开固体废物污染环境防治信息的，产生工业固体废物的单位未建立固体废物管理台账并如实记录的，以及没有依法取得排污许可证产生工业固体废物的违法行为，都要作出处罚。

各级生态环境主管部门应当对产生工业固体废物的单位加强现场监督，现场执法时要检查产废单位是否建立了工业固体废物产生、收集、贮存、运输、利用、处置的全过程的污染环境防治责任制度，是否建立了工业固体废物管理台账，是否对暂时不利用或者不能利用的固体废物建设了贮存设施，或者采取了无害化处置措施等。若有工业固体废物有关违法行为，则按照新《固废法》第一百零二条进行处罚，最高可以罚 100 万元。固体废物有关违法行为和处罚则详见表 1。

表 1　固体废物相关罚则对比

序号	违法行为	原《固废法》罚额	新《固废法》罚额
1	产生、收集、贮存、运输、利用、处置固体废物的单位未依法及时公开固体废物污染环境防治信息的	/	5 万～ 20 万元罚款
2	在生态保护红线区域、永久基本农田集中区域和其他需要特别保护的区域内，建设工业固体废物、危险废物集中贮存、利用、处置的设施、场所和生活垃圾填埋场的	1 万～ 10 万元罚款	10 万～ 100 万元罚款
3	转移固体废物出省、自治区、直辖市行政区域贮存、处置未经批准的	1 万～ 10 万元罚款	10 万～ 100 万元罚款
4	转移固体废物出省、自治区、直辖市行政区域利用未报备案的	/	10 万～ 100 万元罚款
5	擅自倾倒、堆放、丢弃、遗散工业固体废物	0.5 万～ 5 万元罚款	处所需处置费用 1 ～ 3 倍的罚款，所需处置费用不足 10 万元的，按 10 万元计算
	未采取相应防范措施，造成工业固体废物扬散、流失、渗漏或者其他环境污染的	1 万～ 10 万元罚款	

续表

序号	违法行为	原《固废法》罚额	新《固废法》罚额
6	产生工业固体废物的单位未建立固体废物管理台账并如实记录的	/	5万～20万元罚款
7	产生工业固体废物的单位违反本法规定委托他人运输、利用、处置工业固体废物的	/	10万～100万元罚款
8	贮存工业固体废物未采取符合国家环境保护标准的防护措施的	1万～10万元罚款	10万～100万元罚款
9	单位和其他生产经营者违反固体废物管理要求，污染环境、破坏生态的	/	10万～100万元罚款
10	违法取得排污许可证产生工业固体废物的	/	10万～100万元罚款

五、加强危险废物监管是重中之重

各级生态环境主管部门应当监督产生危险废物的单位，是否制定了危险废物管理计划，是否按照国家标准贮存、利用、处置危险废物，危险废物是否混入非危险废物中贮存，是否建立了危险废物管理台账，并是否通过国家危险废物信息管理系统向所在地生态环境主管部门申报危险废物的种类、产生量、流向、贮存、处置等有关资料等。**若生态环境主管部门发现危险废物有关违法行为，则按照新《固废法》第一百一十二条和第一百一十四条进行处罚，最高可以罚500万元，**这在生态环境保护法律中，是最高额度的处罚。危险废物有关违法行为和罚则详见表2。

表 2　危险废物相关罚则对比

序号	违法行为	原《固废法》罚额	新《固废法》罚额
1	未按照规定设置危险废物识别标志的	1 万～10 万元罚款	10 万～100 万元罚款
2	未按照国家有关规定。制定危险废物管理计划或者申报危险废物有关资料的	1 万～10 万元罚款	10 万～100 万元罚款
3	擅自倾倒、堆放危险废物的	/	处所需处置费用三倍以上五倍以下的罚款，所需处置费用不足 20 万元的，按 20 万元计算
4	将危险废物提供或委托给无许可证的单位或者其他生产经营者从事经营活动的	2 万～20 万元罚款	（同上，合并单元格）
5	未按照国家有关规定填写、运行危险废物转移联单或者未经批准擅自转移危险废物的	2 万～20 万元罚款	10 万～100 万元罚款
6	未按照国家环境保护标志贮存、利用、处置危险废物或者将危险废物混入非危险废物中贮存的	1 万～10 万元罚款	10 万～100 万元罚款
7	未经安全性处置，混合收集、贮存、运输、处置具有不相容性质的危险废物的	1 万～10 万元罚款	10 万～100 万元罚款

续表

序号	违法行为	原《固废法》罚额	新《固废法》罚额
8	将危险废物与旅客在同一运输工具上载运的	1万～10万元罚款	10万～100万元罚款
9	未经消除污染处理，将收集、贮存、运输、处置危险废物的场所、设施、设备和容器、包装物及其他物品转作他用的	1万～10万元罚款	10万～100万元罚款
10	未采取相应防范措施，造成危险废物扬散、流失、渗漏或者其他环境污染的	1万～10万元罚款	处所需处置费用三倍以上五倍以下的罚款，所需处置费用不足20万元的，按20万元计算
11	在运输过程中沿途丢弃、遗撒危险废物的	1万～10万元罚款	10万～100万元罚款
12	未制定危险废物意外事故防范措施和应急预案的	1万～10万元罚款	10万～100万元罚款
13	未按照国家有关规定建立危险废物管理台账并如实记录的	/	10万～100万元罚款

续表

序号	违法行为	原《固废法》罚额	新《固废法》罚额
14	无许可证从事收集、贮存、利用、处置危险废物经营活动的	没收违法所得，可以并处违法所得三倍以下的罚款	100 万～ 500 万元罚款；对法定代表人、主要负责人、直接负责的主管人员和其他责任人员，处 10 万 –100 万元的罚款
15	未按许可证规定从事收集、贮存、利用、处置危险废物经营活动的	没收违法所得，可以并处违法所得三倍以下的罚款	50 万～ 200 万元罚款；对法定代表人、主要负责人、直接负责的主管人员和其他责任人员，处 5 万～ 10 万元的罚款

六、“代为处置”职责要履行到位

生态环境部门要特别关注新《固废法》第一百一十三条中关于“代为处置”的规定，这是在原《固废法》第五十五条基础上修改的。根据这几年的实践情况来看，这是一个比较大的追责风险点。

新《固废法》第一百一十三条规定“危险废物产生者未按照规定处置其产生的危险废物被责令改正后拒不改正的，由生态环境主管部门组织代为处置，处置费用由危险废物产生者承担；拒不承担代为处置费用的，处代为处置费用一倍以上三倍以下的罚款”。

原《固废法》第五十五条规定“产生危险废物的单位，必须按照国家有关规定处置危险废物，不得擅自倾倒、堆放；不处置的，由所在地县级以上地方环保部门责令限期改正；逾期不处置或者处置不符合国家有关规定的，由所在地县级以上地方环保部门指定单位按照国家有关规定代为处置，处置费用由产生危险废物的单位承担。”

新旧《固废法》的区别在于，一是由环保部门指定单位代为处置，改为由环保部门组织代为处置。从实际的案例来看，产废单位逃跑或者是破产的情况比较多，环保部门没有经费，没有经费就没有单位来代为处置，所以落实不了而难以履职到位，有的地方环保部门还因此被追责。改为组织代为处置，就可以向政府报告申请处置经费垫资，先解决危险废物的污染问题，等追查到产废单位，再由其承担处置经费，因为被危险废物污染了的环境要尽快修复。

二是执法主体由所在地县级以上地方环保部门，改为生态环境主管部门，地方环保部门是指县级以上、省级以下（含省级）环保部门，现在改为“生态环境主管部门”，即各级生态环境主管部门都有职责。2010 年 3 月 1 日起实施的《环境行政处罚办法》（环境保护部部令　第 8 号），其中第十八条规定“两个以上环境保护主管部门都有管辖权的环境行政处罚案件，由最先发现或者最先接到举报的环境保护主管部门管辖”，即谁先发现谁处罚。根据新《固废法》第一百零一条的规定，“发现违法行为或者接到对违法行为的举报后未予查处的”“由本级人民政府或者上级人民政府有关部门责令改正，对直接负责的主管人员和其他直接责任人员依法给予处分”。新《固废法》第一百零一条还规定“应当作出行政处罚决定而未作出的，上级主管部门可以直接作出行政处罚决定。”

三是根据实际情况，增加了对拒不承担代为处置费用的，可以处代为处置费用 1 ～ 3 倍的罚款。

七、用好有奖举报和信息公开制度

固体废物和危险废物对环境的污染都具有隐蔽性和滞后性，对固体废物和危险废物造成的污染，治理起来不仅难度大而且需要高昂的治理费用，既耗时耗力，又非常艰巨。另外，固体废物和危险废物有关违法行为，如非法排放、倾倒、处置危险废物，很难及时被发现，且不像水污染、大气污染那样，眼睛都能看见，所以主要还需要靠群众举报，违法者非法排放、倾倒、处置倾倒的地方周围的群众是最好的监督者，实际的案例也绝大多数都是依靠群众举报发现的。

新《固废法》第三十一条明确了“有奖举报”制度，一是授权“任何单位和个人都有权对造成固体废物污染环境的单位和个人进行举报”。二是要求“生态环境主管部门和其他负有固体废物污染环境防治监督管理职责的部门应当将固体废物污染环境防治举报方式向社会公布，方便公众举报”。三是“接到举报的部门应当及时处理并对举报人的相关信息予以保密；对实名举报并查证属实的，给予奖励”。四是“举报人举报所在单位的，该单位不得以解除、变更劳动合同或者其他方式对举报人进行打击报复”。

为便于群众监督违法者，新《固废法》还新增了多条关于信息公开的条款，例如第二十九条要求生态环境主管部门应当会同住建、农业、卫生等部门，定期向社会发布固体废物的种类、产生量、处置能力、利用处置状况等信息；产生、收集、贮存、运输、利用、处置固体废物的单位，应当依法及时公开固体废物污染环境防治信息，主动接受社会监督；利用、处置固体废物的单位，应当依法向公众开放设施、场所，提高公众环境保护意识和参与程度。第十六条要求，建立全国危险废物等固体废物污染环境防治信息平台，第二十八条要求建立产生、收集、贮存、运输、利用、处置固体废物的单位和其他生产经营者信用记录制度，将相关信用记录纳入全国信用信息共享平台。

八、善用查封扣押、按日计罚、双罚制等新手段

新《固废法》在法律责任这一章，从过去共二十一条增加到现在共二十三条，新增了查封扣押、按日计罚、双罚制等新执法手段，既增加了处罚种类，又提高了罚款额度，为大大提高违法者的违法成本提供了法律依据。

新《固废法》第二十七条明确了查封扣押制度，授权生态环境主管部门和其他负有固体废物污染环境防治监督管理职责的部门，对于可能造成证据灭失、被隐匿或者非法转移的，以及造成或者可能造成严重环境污染的，可以对违法收集、贮存、运输、利用、处置的固体废物及设施、设备、场所、工具、物品予以查封、扣押。

新《固废法》第一百一十九条明确了按日计罚制度，单位和其他生产经营者违反本法规定排放固体废物，受到罚款处罚，被责令改正的，依法作出处罚决定的行政机关应当组织复查，发现其继续实施该违法行为的，依照《中华人民共和国环境保护法》的规定按日连续处罚。

新《固废法》有四条明确了双罚制，即不仅要对单位处以罚款，还要对单位的负责人员处以罚款。其中，第一百零三条、第一百一十四条、第一百一十八条的执法主体是生态环境主管部门，第一百零八条的执法主体是城镇排水主管部门。

新《固废法》第一百零三条是继2018年新《水污染防治法》第八十一条首次对拒绝、阻挠执法的处罚规定之后，在生态环境法律中再次明确对拒绝、阻挠执法的处罚，但是增加了双罚制，新《水污染防治法》第八十一条仅对拒绝、阻挠执法的单位处2万～20万元的罚款，新《固废法》第一百零三条不仅对拒绝、阻挠执法的单位处5万～20万元的罚款，还要对直接负责的主管人员和其他直接责任人员，处以2万～10万元的罚款。

新《固废法》第一百一十四条、第一百一十八条是首次在生态环境法律中明确对法定代表人、主要负责人处以罚款，之前出台的生态环境法律中的双罚制都是对直接负责的主管人员和其他责任人员处以罚款，并且罚款的额度在所有生态环境法律中也是最高的，第一百一十四条规定，对于无许可证从事收集、贮存、利用、处置危险废物经营活动的，处100万～500万元的罚款，对其法定代表人、主要负责人、直接负责的主管人员和其他责任人员，处10万～100万元的罚款。

九、对六项违法行为移送公安机关拘留

新《固废法》第一百二十条对需要移送公安机关予以拘留的六项违法行为做出了明确规定：一是擅自倾倒、堆放、丢弃、遗撒固体废物，造成严重后果的；二是在生态保护红线区域、永久基本农田集中区域和其他需要特别保护的区域内，建设工业固体废物、危险废物集中贮存、利用、处置的设施、场所和生活垃圾填埋场的；三是将危险废物提供或者委托给无许可证的单位或者其他生产经营者堆放、利用、处置的；四是无许可证或者未按照许可证规定从事收集、贮存、利用、

处置危险废物经营活动的；五是未经批准擅自转移危险废物的；六是未采取防范措施，造成危险废物扬散、流失、渗漏或者其他严重后果的。

以上这些违法行为，尚不构成犯罪的，由公安机关对法定代表人、主要负责人、直接负责的主管人员和其他责任人员处 10 ~ 15 日的拘留；情节较轻的，处 5 ~ 10 日的拘留。

十、配套适用两高司法解释和相关法规

需要特别强调的是，一些有关固体废物和危险废物的违法行为，不仅违反《固废法》的要求，还触犯刑法构成了犯罪，应当依法追究刑事责任。新《固废法》第一百二十三条规定，违反本法规定，构成犯罪的，依法追究刑事责任。

例如，非法排放、倾倒、处置危险废物达到 3 吨（含 3 吨）以上的违法行为，根据最高人民法院、最高人民检察院《关于办理环境污染刑事案件适用法律若干问题的解释》第一条的规定，认定为“严重污染环境”，即已经构成了犯罪，应按照《刑法》第三百三十八条“污染环境罪”定罪处罚，处三年以下有期徒刑或者拘役，并处或者单处罚金；后果特别严重的，处三年以上七年以下有期徒刑，并处罚金。

又如，无危险废物许可证从事收集、贮存、利用、处置危险废物经营活动，严重污染环境的，根据最高人民法院、最高人民检察院《关于办理环境污染刑事案件适用法律若干问题的解释》第六条的规定，按照《刑法》第三百三十八条“污染环境罪”定罪处罚；同时构成《刑法》第二百二十五条“非法经营罪”的，依照处罚较重的规定定罪处罚。

明知他人无危险废物许可证，向其提供或者委托其收集、贮存、利用、处置危险废物，严重污染环境的，根据最高人民法院、最高人民检察院《关于办理环境污染刑事案件适用法律若干问题的解释》第七条的规定，以共同犯罪论处。

此外，《刑法》第一百五十二条“走私废物罪”，以及第三百三十九条“非法处置进口的固体废物罪”和“擅自进口固体废物罪”等，都需要与新《固废法》配套实施。

那么，新问题来了，既违反《固废法》，又触犯刑法的，是先予以行政处罚，再向公安机关移送，还是先向公安机关移送，再处罚？

根据环境保护部、公安部和最高人民检察院与2017年1月25日发布实施的《环境保护行政执法与刑事司法衔接工作办法》，其中第十六条规定，环保部门向公安机关移送涉嫌环境犯罪案件，已作出的警告、责令停产停业、暂扣或者吊销许可证的行政处罚决定，不停止执行；未作出行政处罚决定的，原则上应当在公安机关决定不予立案或者撤销案件、人民检察院作出不起诉决定、人民法院作出无罪判决或者免予刑事处罚后，再决定是否给予行政处罚；涉嫌犯罪案件的移送办理期间，不计入行政处罚期限。

第十七条进一步规定，公安机关对涉嫌环境犯罪案件，经审查没有犯罪事实，或者立案侦查后认为犯罪事实显著轻微、不需要追究刑事责任，但经审查依法应当予以行政处罚的，应当及时将案件移交环保部门。

因此，**既违反《固废法》，又触犯刑法的，先向公安机关移送，生态环境主管部门已作出的警告、责令停产停业、暂扣或者吊销许可证等行政处罚的决定，不停止执行，涉及罚款部分的处罚决定暂停执行**；如果公安机关决定不予立案或者撤销案件、人民检察院作出不起诉决定、人民法院作出无罪判决或者免予刑事处罚后，生态环境主管部门再执行罚款部分的处罚决定；**如果依法追究刑事责任了，不再执行罚款部分的行政处罚。**

向公安机关移送之前，生态环境主管部门未作出行政处罚决定的，在公安机关决定不予立案或者撤销案件、人民检察院作出不起诉决定、人民法院作出无罪判决或者免予刑事处罚后，可以给予行政处罚。如果依法追究刑事责任了，仍应作出警告、责令停产停业、暂扣或者吊销许可证等行政处罚的决定，不再执行罚款部分的行政处罚。

固体废物和危险废物，不仅是生态环境监管中专业性、复杂性、技术性最强的领域，而且是引发环境纠纷风险最大的领域，也是追责最多的领域。尤其是危险废物，具有感染性、腐蚀性、易燃性、毒性等一种或多种危险属性，造成的环境污染比大气污染和水污染严重，且污染不可逆、难以治理，社会公众对危险废物造成的环境污染问题十分敏感。

危险废物来源广泛、种类繁多、特性各异、复杂多变，仅《国家危险废物名录》中就有46大类479种危险废物，实践中还有不少需要根据危险废物鉴别标准来识别的危险废物，而危险废物鉴别方法比较复杂，也使得鉴别周期较长，成本较高，造成监管难度增加。

另外，正因为有关固体废物和危险废物执法监管的专业性太强，加之相关培训远远不够，造成现场执法监管往往只关注大气污染和水污染，固体废物和危险废物执法监管尚未有效纳入日常环境执法监管范畴。因此，各级生态环境部门要加强对生态环境监管和执法人员在固体废物和危险废物方面的专业知识培训以及相关法规的培训，如《危险废物经营许可证管理办法》《国家危险废物名录》《危险废物鉴别技术规范》和危险废物鉴别系列标准和通则等，为实施新《固废法》打下良好基础。

解析 3

《固体废物污染环境防治法》中生态环境部门的职责清单

一、生态环境部

部门级别	职责	条款
生态环境部（8 项）	制定固体废物鉴别标准、鉴别程序和国家固体废物污染环境防治技术标准（会同国务院有关部门）	第十四条
	建立全国危险废物等固体废物污染环境防治信息平台（会同国务院有关部门）	第十六条
	逐步实现固体废物零进口（会同国务院商务、发展改革、海关等主管部门组织实施）	第二十四条
	制定防治工业固体废物污染环境的技术政策，组织推广先进的生产工艺和设备（会同国务院发展改革、工业和信息化等主管部门）	第三十二条
	制定并动态调整国家危险废物名录，规定统一的危险废物鉴别标准、鉴别方法、识别标志和鉴别单位管理要求（会同国务院有关部门）	第七十五条
	建立危险废物信息化监管体系	第七十五条
	制定危险废物转移管理办法（会同国务院交通部门和公安部门）	第八十二条
	退役费用提取和管理办法（国务院财政部门、价格部门会同国务院生态环境部门）	第八十八条

二、省级生态环境部门

部门级别	职责	条款
省级（4项）	转移固体废物出省贮存、处置的审批	第二十二条
	转移固体废物出省利用的备案	第二十二条
	跨省转移危险废物的审批	第八十二条
	对已经非法入境的固体废物，向海关提出处理意见；已经造成环境污染的，责令进口者消除污染	第一百一十七条

三、设区市级生态环境部门

部门级别	职责	条款
设区市级（7项）	审批发放排污许可证	第三十九条和第七十八条 《排污许可管理办法（试行）》 第六条
	与生活垃圾处理单位监测设备联网	第五十六条
	产废单位危险废物管理计划备案	第七十八条
	产生、收集、贮存、运输、利用、处置危险废物单位制定的意外事故的防范措施和应急预案的备案	第八十五条

续表

部门级别	职责	条款
设区市级（7 项）	医疗废物集中处置单位危险废物经营许可证的审批	《危险废物经营许可证管理办法》第七条
	定期向社会发布固体废物的种类、产生量、处置能力、利用处置状况等信息（会同建设、农业、卫生等部门）	第二十九条
	关闭、闲置或者拆除生活垃圾处理设施、场所核准（环境卫生部门商生态环境部门）	第五十五条

四、各级生态环境部门

部门级别	职责	条款
各级（23 项）	取消固体废物防治设施验收许可	第十八条
	收集、贮存、利用、处置危险废物经营许可证的审批	第八十条
	申请延长危险废物贮存期限的批准	第八十一条
	对从事产生、收集、贮存、运输、利用、处置固体废物等活动的单位和其他生产经营者进行现场检查	第二十六条

续表

部门级别	职责	条款
各级（23 项）	对违法收集、贮存、运输、利用、处置的固体废物及设施、设备、场所、工具、物品予以查封、扣押	第二十七条
	建立产生、收集、贮存、运输、利用、处置固体废物的单位和其他生产经营者信用记录制度	第二十八条
	向社会公布固体废物污染环境举报方式，对实名举报并查证属实的，给予奖励	第三十一条
	在发生或者有证据证明可能发生危险废物严重污染环境、威胁居民生命财产安全时，立即向本级政府和上一级政府有关部门报告	第八十七条
	对生态环境监管人员的处罚	第一百零一条
	对固体废物有关违法行为的处罚	第一百零二条
	对拒绝、阻挠监督检查的处罚	第一百零三条
	对未依法取得排污许可证产生工业固体废物的违法行为的处罚	第一百零四条
	对畜禽规模养殖固体废物违法行为的处罚	第一百零七条
	对尾矿、煤矸石、废石等矿业固体废物贮存设施停止使用后，未按照国家规定进行封场的处罚	第一百一十条

续表

部门级别	职责	条款
各级（23项）	对危险废物有关违法行为的处罚	第一百一十二条
	对危险废物产生者未按规定处置其产生的危险废物，组织代为处置	第一百一十三条
	对无许可证或者未按照许可证规定从事收集、贮存、利用、处置危险废物经营活动的处罚	第一百一十四条
	对造成固体废物污染环境事故的单位进行处罚	第一百一十八条
	对排放固体废物，受到罚款处罚，被责令改正的，复查发现其继续实施该违法行为的按日计罚	第一百一十九条
	对六项违法行为移送公安机关拘留	第一百二十条
	配合检察机关和环保组织做好环境公益诉讼	第一百二十一条
	环境损害赔偿磋商和诉讼	第一百二十二条
	对构成违反治安管理或构成犯罪的行为移送司法机关	第一百二十三条

解析 4

《固体废物污染环境防治法》中产生危险废物企业需要注意的红线问题

新《固废法》中涉及六大类企业，主要包括产生危险废物的企业，经营危险废物的企业（包括医疗废物集中处置），产生工业固体废物的企业，生活垃圾和污水处理企业，电子产品生产企业以及电商、快递和外卖企业等。在新《固废法》以及大气、水、土壤等生态环境保护法律法规中，对于企业的共性的责任要求，如环境影响评价、申领排污许可证、自行组织竣工验收、清洁生产审核等，本书不再赘述。本书将重点介绍新《固废法》对产生危险废物的企业需要注意的红线问题。

产生危险废物的企业，在新《固废法》中涉及的责任最多，第六章专章对“危险废物”予以规定，从第七十四条到第九十一条，一共有 18 条，这是除第二章“监督管理”（共 19 条）和第八章“法律责任”（共 23 条）之外条款最多的章节，由此也可以知道产生危险废物的企业是生态环境主管部门监管的重中之重。

根据生态环境部《2019 年全国大、中城市固体废物污染环境防治年报》公布的数据，2018 年全国各省（区、市）大、中城市工业危险废物产生量情况见图 1。排在前三位的省（区、市）是江苏、内蒙古、山东。

新《固废法》中对于产生危险废物的企业，有以下 8 个方面需要注意的红线问题和法律责任重点：

1. 制定危险废物管理计划

新《固废法》第七十八条规定，产生危险废物的单位，**首先**，要按照国家有关规定制定危险废物管理计划；**其次**，危险废物管理计划应当报产生危险废物

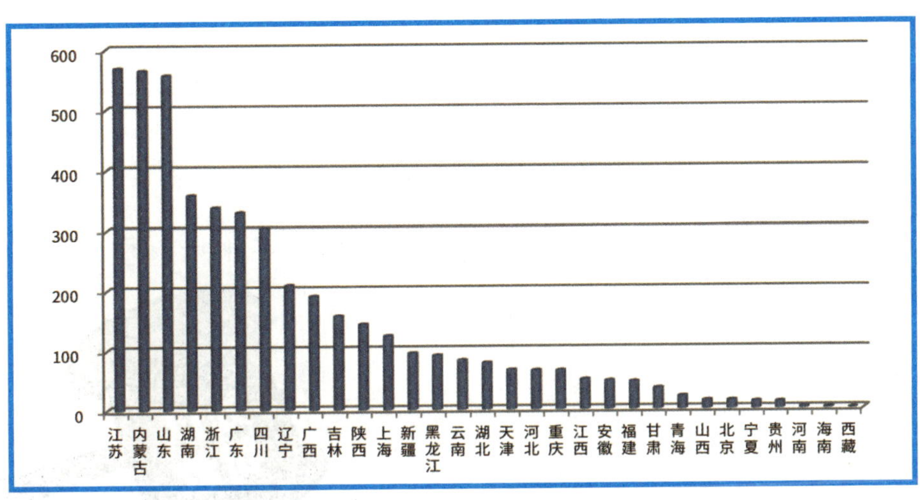

图 1 2018 年各省（区、市）工业危险废物产生情况（单位：万吨）

的单位所在地生态环境主管部门备案。危险废物管理计划的内容，应当包括减少危险废物产生量和降低危险废物危害性的措施以及危险废物贮存、利用、处置措施。

如果没有制定危险废物管理计划或者申报危险废物有关资料的，就要按照新《固废法》第一百一十二条对产生危险废物的单位进行处罚，即由生态环境主管部门责令改正，处 10 万～100 万元的罚款，没收违法所得；情节严重的，报经有批准权的人民政府批准，可以责令停业或者关闭。

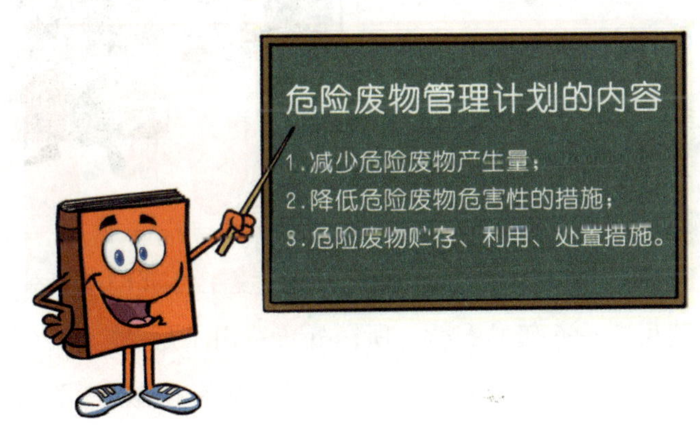

2. 建立危险废物管理台账

新《固废法》第七十八条规定，产生危险废物的单位，应当建立危险废物管理台账，如实记录有关信息，并通过国家危险废物信息管理系统向所在地生态环境主管部门申报危险废物的种类、产生量、流向、贮存、处置等有关资料。

如果没有建立危险废物管理台账并未如实记录的，就要按照新《固废法》第一百一十二条第（二）项对产生危险废物的单位进行处罚，即由生态环境主管部门责令改正，处10万～100万元的罚款，没收违法所得；情节严重的，报经有批准权的人民政府批准，可以责令停业或者关闭。

3. 不得将危险废物提供或者委托给无危险废物许可证者

新《固废法》第八十条规定，产生危险废物的单位，禁止将危险废物提供或者委托给无许可证的单位或者其他生产经营者从事收集、贮存、利用、处置活动。

如果将危险废物提供或者委托给无许可证的单位或者其他生产经营者从事经营活动的，就要按照新《固废法》第一百一十二条第（四）项进行处罚，即由生态环境主管部门对产生危险废物的单位处以所需处置费用3～5倍的罚款，所需处置费用不足20万元的，按20万元计算。

造成严重环境污染后果，尚不构成犯罪的，还要按照新《固废法》第一百二十条的规定，由公安机关对法定代表人、主要负责人、直接负责的主管人员和其他责任人员处10～15日的拘留；情节较轻的，处5～10日的拘留。

无危险废物许可证从事收集、贮存、利用、处置危险废物经营活动，严重污染环境的，根据最高人民法院、最高人民检察院《关于办理环境污染刑事案件适用法律若干问题的解释》第六条的规定，按照《刑法》第三百三十八条“污染环境罪”定罪处罚；同时构成《刑法》第二百二十五条“非法经营罪”的，依照处罚较重的规定定罪处罚。

明知他人无危险废物许可证，向其提供或者委托其收集、贮存、利用、处置危险废物，严重污染环境的，根据最高人民法院、最高人民检察院《关于办理环境污染刑事案件适用法律若干问题的解释》第七条的规定，以共同犯罪论处。

4. 不得擅自倾倒或堆放危险废物

新《固废法》第七十九条规定，产生危险废物的单位，应当按照国家有关规定和环境保护标准要求贮存、利用、处置危险废物，不得擅自倾倒、堆放。

如果擅自倾倒、堆放危险废物的，就要按照新《固废法》第一百一十二条第（三）项进行处罚，即由生态环境主管部门对产生危险废物的单位处以所需处置费用 3 ~ 5 倍的罚款，所需处置费用不足 20 万元的，按 20 万元计算。

造成严重环境污染后果，尚不构成犯罪的，还要按照新《固废法》第一百二十条的规定，由公安机关对法定代表人、主要负责人、直接负责的主管人员和其他责任人员处 10 ~ 15 日的拘留；情节较轻的，处 5 ~ 10 日的拘留。

非法排放、倾倒危险废物达到 3 吨（含 3 吨）以上的，则已经构成犯罪，按照《刑法》第三百三十八条“污染环境罪”定罪处罚，处 3 年以下有期徒刑或者拘役，并处或者单处罚金；后果特别严重的，处 3 ~ 7 年有期徒刑，并处罚金。

特别要注意的是，根据 2017 年 1 月 1 日起施行的最高人民法院、最高人民检察院《关于办理环境污染刑事案件适用法律若干问题的解释》（法释〔2016〕29 号），通过暗管、渗井、渗坑、裂隙、溶洞、灌注等逃避监管的方式排放、倾

倒、处置危险废物的，或者二年内曾因非法排放、倾倒、处置危险废物受过两次以上行政处罚后又再犯的，都被认定为“严重污染环境”，即要按照《刑法》第三百三十八条“污染环境罪”定罪，处3年以下有期徒刑或者拘役，并处或者单处罚金；后果特别严重的，处3～7年有期徒刑，并处罚金。

5. 转移危险废物的要求

新《固废法》第八十二条规定，转移危险废物，要按照国家有关规定填写、运行危险废物电子或者纸质转移联单。如果是跨省转移危险废物的，要向危险废物移出地省级环保部门申请。移出地省级环保部门及时商经接受地省级环保部门同意后，在规定期限内批准转移该危险废物，并将批准信息通报相关省级环保部门和交通运输部门。未经批准的，不得转移。

如果没有按照国家有关规定填写、运行危险废物转移联单，或者未经批准擅自转移危险废物的，就要按照新《固废法》第一百一十二条第（五）项进行处罚，即由生态环境主管部门责令改正，处10万～100万元的罚款，没收违法所得；情节严重的，报经有批准权的人民政府批准，可以责令停业或者关闭。

未经批准擅自转移危险废物的，还要按照新《固废法》第一百二十条的规定，由公安机关对法定代表人、主要负责人、直接负责的主管人员和其他责任人员处10～15日的拘留；情节较轻的，处5～10日的拘留。

6. 运输危险废物的要求

新《固废法》第八十三条规定，运输危险废物，首先，要遵守国家有关危险货物运输管理的规定，并采取防止污染环境的措施。其次，禁止将危险废物与旅客在同一运输工具上载运。

运输危险废物要遵守的国家有关危险货物运输管理的规定，即《危险货物道路运输安全管理办法》（交通运输部令　2019年第29号），这个办法是交通运输部、工业和信息化部、公安部、生态环境部、应急管理部、市场监督管理总局等六个部委，于2019年11月10日联合发布，自2020年1月1日起施行。《国家危险废物名录》中明确的在转移和运输环节实行豁免管理的危险废物，不适用该办法，由生态环境等主管部门依据职责管理。

如果在运输过程中沿途丢弃、遗撒危险废物的，就要按照新《固废法》第一百一十二条第（十一）项进行处罚，即由生态环境主管部门对产生危险废物的单位处以所需处置费用3～5倍的罚款，所需处置费用不足20万元的，按20万元计算。

如果将危险废物与旅客在同一运输工具上载运的，就要按照新《固废法》第一百一十二条第（八）项进行处罚，即由生态环境主管部门责令改正，处10万～100万元的罚款，没收违法所得；情节严重的，报经有批准权的人民政府批准，可以责令停业或者关闭。

7. 制定意外事故防范措施和应急预案

新《固废法》第八十五条规定，产生危险废物的单位，要制定意外事故的防范措施和应急预案，并向所在地生态环境主管部门和其他负有固体废物污染环境防治监督管理职责的部门备案。

如果没有制定危险废物意外事故防范措施和应急预案的，就要按照新《固废法》第一百一十二条第（十二）项进行处罚，即由生态环境主管部门责令改正，处10万～100万元的罚款，没收违法所得；情节严重的，报经有批准权的人民政府批准，可以责令停业或者关闭。

8. 生态环境污染担责

本次修订的新《固废法》在第五条明确了“污染担责”原则，要求产生固体废物和危险废物的单位和个人，应采取措施防止或者减少固体废物和危险废物对环境的污染，对所造成的环境污染依法承担责任。

新《固废法》第一百一十三条规定，危险废物产生者未按照规定处置其产生的危险废物被责令改正后拒不改正的，由生态环境主管部门组织代为处置，处置费用由危险废物产生者承担；拒不承担代为处置费用的，处代为处置费用 1 ～ 3 倍的罚款。

新《固废法》第八十六条要求，因发生事故或者其他突发性事件，造成危险废物严重污染环境的单位，应当立即采取有效措施消除或者减轻对环境的污染危害，及时通报可能受到污染危害的单位和居民，并向所在地生态环境主管部门和有关部门报告，接受调查处理。

同时，第一百一十八条明确规定，造成污染环境事故的，除依法承担赔偿责任、处以罚款、责令限期采取治理措施外，对于造成重大或者特大污染环境事故的，还可以报经有批准权的人民政府批准，责令关闭。

造成一般或者较大污染环境事故的，按照事故造成的直接经济损失的 1 ～ 3 倍计算罚款；造成重大或者特大污染环境事故的，按照事故造成的直接经济损失的 3 ～ 5 倍计算罚款，并对法定代表人、主要负责人、直接负责的主管人员和其他责任人员处上一年度从本单位取得的收入 50% 以下的罚款。

《固体废物污染环境防治法》中经营危险废物企业需要注意的红线问题

经营危险废物的企业，包括收集、贮存、利用、处置危险废物的企业以及医疗废物处置单位，还包括城市污水处理厂污泥处置单位、实验室危险废物处置单位等。

一、经营危险废物企业的法律责任

经营危险废物的企业，法律责任最多，需要注意的红线问题也最多，近几年，因为非法收集、贮存、利用、处置危险废物而被判刑的，是环境犯罪案例中追究刑事责任最多的领域。

经营危险废物的企业除了要关注新《固废法》，还需要关注《刑法》第三百三十八条“污染环境罪”和《刑法》第二百二十五条“非法经营罪”的相关规定，以及 2017 年 1 月 1 日施行的《最高人民法院　最高人民检察院关于办理环境污染刑事案件适用法律若干问题的解释》。

1．《刑法》第三百三十八条“污染环境罪”

非法排放、倾倒、处置危险废物达到 3 吨（含 3 吨）以上的违法行为，根据《最高人民法院　最高人民检察院关于办理环境污染刑事案件适用法律若干问题的解释》第一条的规定，认定为“严重污染环境”，即已经构成了犯罪，按照《刑法》第三百三十八条“污染环境罪”定罪处罚，处三年以下有期徒刑或者拘役，并处或者单处罚金；后果特别严重的，处三年以上七年以下有期徒刑，并处罚金。

无危险废物许可证从事收集、贮存、利用、处置危险废物经营活动，严重污染环境的，根据《最高人民法院　最高人民检察院关于办理环境污染刑事案件适用法律若干问题的解释》第六条的规定，按照《刑法》第三百三十八条“污染环境罪”定罪处罚。

具有危险废物经营许可证的企业，非法排放、倾倒、处置危险废物的，根据《最高人民法院　最高人民检察院关于办理环境污染刑事案件适用法律若干问题的解释》第四条第（四）项规定，按照《刑法》第三百三十八条“污染环境罪”从重定罪处罚，即可以判处三年以上七年以下有期徒刑，并处罚金。

《最高人民法院　最高人民检察院关于办理环境污染刑事案件适用法律若干问题的解释》第十六条还规定，无危险废物经营许可证，以营利为目的，从危险废物中提取物质作为原材料或者燃料，并具有超标排放污染物、非法倾倒污染物或者其他违法造成环境污染的情形的行为，应当认定为“非法处置危险废物”。

2.《刑法》第二百二十五条“非法经营罪”

触犯《刑法》第二百二十五条，构成“非法经营罪”的，将处五年以下有期徒刑或者拘役，并处或者单处违法所得一倍以上五倍以下罚金；情节特别严重的，处五年以上有期徒刑，并处违法所得一倍以上五倍以下罚金或者没收财产。

无危险废物许可证从事收集、贮存、利用、处置危险废物经营活动，或者具有危险废物经营许可证的企业，非法排放、倾倒、处置危险废物，既构成《刑法》第三百三十八条“污染环境罪”的，同时又构成《刑法》第二百二十五条“非法经营罪”的，依照处罚较重的规定进行定罪处罚。

明知他人无危险废物许可证，向其提供或者委托其收集、贮存、利用、处置危险废物，严重污染环境的，根据《最高人民法院　最高人民检察院关于办理环境污染刑事案件适用法律若干问题的解释》第七条的规定，以共同犯罪论处。

什么是"危险废物"呢？根据新《固废法》第一百二十四条的规定，是指列入国家危险废物名录或者根据国家规定的危险废物鉴别标准和鉴别方法认定的具有危险特性的固体废物。

什么是"无危险废物经营许可证"呢？最高人民法院 最高人民检察院《关于办理环境污染刑事案件适用法律若干问题的解释》第十七条中明确，是指未取得危险废物经营许可证，或者超出危险废物经营许可证的经营范围。

什么是"贮存"？根据新《固废法》第一百二十四条的定义，贮存是指将固体废物临时置于特定设施或者场所中的活动。

什么是"利用"？根据新《固废法》第一百二十四条的定义，利用是指从固体废物中提取物质作为原材料或者燃料的活动。

什么是"处置"？根据新《固废法》第一百二十四条的定义，处置是指将固体废物焚烧和用其他改变固体废物的物理、化学、生物特性的方法，达到减少已产生的固体废物数量、缩小固体废物体积、减少或者消除其危险成分的活动，或者将固体废物最终置于符合环境保护规定要求的填埋场的活动。

综上所述，新《固废法》第一百二十三条规定，违反本法规定，构成犯罪的，依法追究刑事责任。非法经营危险废物，不仅违反新《固废法》的要求，还触犯刑法构成犯罪，将被依法追究刑事责任。

二、经营危险废物企业需要注意的红线问题

新《固废法》第八十条规定，从事收集、贮存、利用、处置危险废物经营活动的单位，应当按照国家有关规定申请取得许可证。因此，经营危险废物的活动主要包括收集、贮存、利用、处置等 4 个方面，生态环境部门依法对收集、贮存、利用、处置等经营危险废物的企业提出环境管理要求，并对这些企业的环境污染防治活动进行监督管理。

解析 4 关于产生危险废物企业的第 4 ~ 8 项的责任，即不得擅自倾倒或堆放危险废物、转移危险废物的要求、运输危险废物的要求、制定意外事故防范措施和应急预案、生态环境污染担责等 5 项责任，经营危险废物的企业同样需要履行。此外，经营危险废物的企业还需要履行以下 7 项责任：

1. 申领危险废物许可证

根据生态环境部《2019 年全国大、中城市固体废物污染环境防治年报》公布的数据，2018 年，全国 200 个大、中城市工业危险废物产生量达到 4 643.0 万吨。其中，综合利用量为 2 367.3 万吨，占利用处置总量的 43.7%；处置量为 2 482.5 万吨，占比 45.9%；贮存量为 562.4 万吨，占比 10.4%（图 2）。

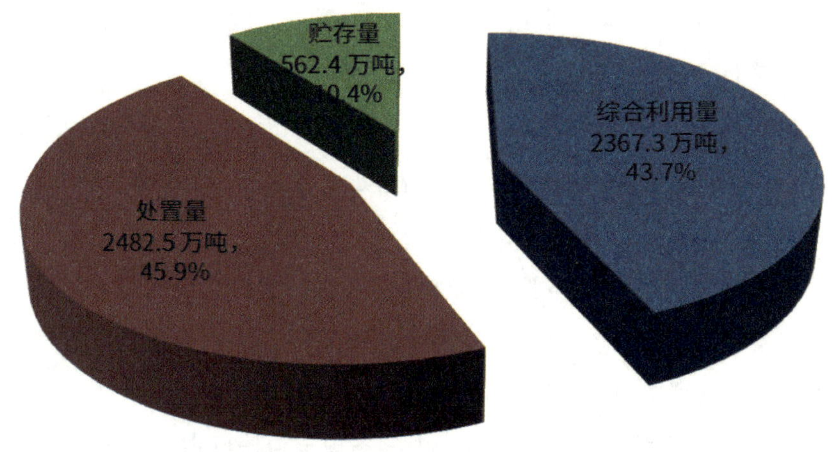

图 2 2018 年工业危险废物利用、贮存和处置情况

截至 2018 年底，全国各省（区、市）共颁发危险废物（含医疗废物）经营许可证 3 220 份。其中，江苏省颁发许可证数量最多，共 421 份，浙江省、山东省颁发许可证数量分别位居第二、第三，都接近 250 份。相比 2006 年，2018 年全国危险废物实际收集和利用处置量增长了 807%。

新《固废法》第八十条将“危险废物经营许可证”更名为“危险废物许可证”，删去了“经营”二字，以淡化生态环境部门行业管理色彩。但仅是名字进行了更改，从“危险废物经营许可证”更名为“危险废物许可证”，许可证仍旧包括收集、贮存、利用、处置危险废物等 4 个类别，许可证发放条件仍旧按照《危险废物经营许可证管理办法》执行。

2004 年 5 月 30 日，国务院发布了《危险废物经营许可证管理办法》（国务

院令　第408号），于2004年7月1日起施行。之后，分别于2013年12月7日和2016年2月6日进行了两次修订。

《危险废物经营许可证管理办法》第三条规定，危险废物经营许可证按照经营方式，分为危险废物收集、贮存、处置综合经营许可证和危险废物收集经营许可证两种。并在第七条明确，危险废物收集经营许可证，由县级环保部门审批颁发；危险废物收集、贮存、处置综合经营许可证由省级环保部门审批颁发；医疗废物集中处置单位的危险废物经营许可证，由其所在地设区的市级环保部门审批颁发。

新《固废法》对于如果没有申领许可证就从事收集、贮存、利用、处置危险废物经营活动的，处罚非常严厉，是新《固废法》中3个最高处以500万元罚款的其中一个，并对法定代表人、主要负责人、直接负责的主管人员和其他责任人员处10万～100万元的罚款。

新《固废法》第一百一十四条规定，无危险废物许可证从事收集、贮存、利用、处置危险废物经营活动的，由生态环境主管部门责令改正，处100万～500万元的罚款，并报经有批准权的人民政府批准，责令停业或者关闭，对法定代表人、主要负责人、直接负责的主管人员和其他责任人员，处10万～100万元的罚款。

新《固废法》第一百一十四条还规定，未按照危险废物许可证规定从事收集、贮存、利用、处置危险废物经营活动的，由生态环境主管部门责令改正，限制生产、停产整治，处50万～200万元的罚款；对法定代表人、主要负责人、直接负责的主管人员和其他责任人员，处5万～50万元的罚款；情节严重的，报经有批准权的人民政府批准，责令停业或者关闭，还可以由发证机关吊销许可证。

无许可证或者未按照许可证规定从事收集、贮存、利用、处置危险废物经营活动，尚不构成犯罪的，还要按照新《固废法》第一百二十条的规定，由公安机关对法定代表人、主要负责人、直接负责的主管人员和其他责任人员处 10 ～ 15 日的拘留；情节较轻的，处 5 ～ 10 日的拘留。

无危险废物许可证从事收集、贮存、利用、处置危险废物经营活动，严重污染环境的，根据《最高人民法院 最高人民检察院关于办理环境污染刑事案件适用法律若干问题的解释》第六条的规定，按照《刑法》第三百三十八条“污染环境罪”定罪处罚；同时构成《刑法》第二百二十五条“非法经营罪”的，依照处罚较重的规定定罪处罚。

如果是具有危险废物经营许可证的企业违反国家规定，排放、倾倒、处置危险废物的，则根据《最高人民法院 最高人民检察院关于办理环境污染刑事案件适用法律若干问题的解释》第四条的规定，从重定罪。

2. 收集、贮存危险废物的要求

对于收集、贮存危险废物，根据新《固废法》第八十一条的要求，第一，按照危险废物特性分类，禁止混合收集、贮存、运输、处置性质不相容而未经安全性处置的危险废物。第二，采取符合《危险废物贮存污染控制标准》（GB 18597—2001）的防护措施来贮存危险废物，禁止将危险废物混入非危险废物中贮存。该标准于 2001 年 12 月 28 日发布，2002 年 7 月 1 日起施行。第三，贮存危险废物不得超过一年；确需延长期限的，要报经颁发许可证的生态环境主管部门批准。

如果没有按照国家标准贮存、利用、处置危险废物，或者将危险废物混入非危险废物中贮存的，就要按照新《固废法》第一百一十二条第（六）项进行处罚，即由生态环境主管部门责令改正，处 10 万～ 100 万元的罚款，没收违法所得；情节严重的，报经有批准权的人民政府批准，可以责令停业或者关闭。

如果未经安全性处置，混合收集、贮存、运输、处置具有不相容性质的危险废物的，就要按照新《固废法》第一百一十二条第（七）项进行处罚，即由生态环境主管部门责令改正，处 10 万～ 100 万元的罚款，没收违法所得；情节严重的，报经有批准权的人民政府批准，可以责令停业或者关闭。

3. 危险废物有关物品转作他用的要求

新《固废法》第八十四条规定，收集、贮存、运输、利用、处置危险废物的场所、设施、设备和容器、包装物及其他物品转作他用时，应当按照国家有关规定经过消除污染处理，方可使用。

如果未经消除污染处理，将收集、贮存、运输、处置危险废物的场所、设施、设备和容器、包装物及其他物品转作他用的，就要按照新《固废法》第一百一十二条第（九）项进行处罚，即由生态环境主管部门责令改正，处10万～100万元的罚款，没收违法所得；情节严重的，报经有批准权的人民政府批准，可以责令停业或者关闭。

4. 医疗废物集中处置单位的要求

根据生态环境部公布的《2019年全国大、中城市固体废物污染环境防治年报》，2018年，全国200个大、中城市医疗废物产生量为81.7万吨，处置量为81.6万吨，绝大部分城市的医疗废物都得到了及时妥善的处置。医疗废物产生量排在前三位的省是广东、浙江、江苏。详细情况请见图3。

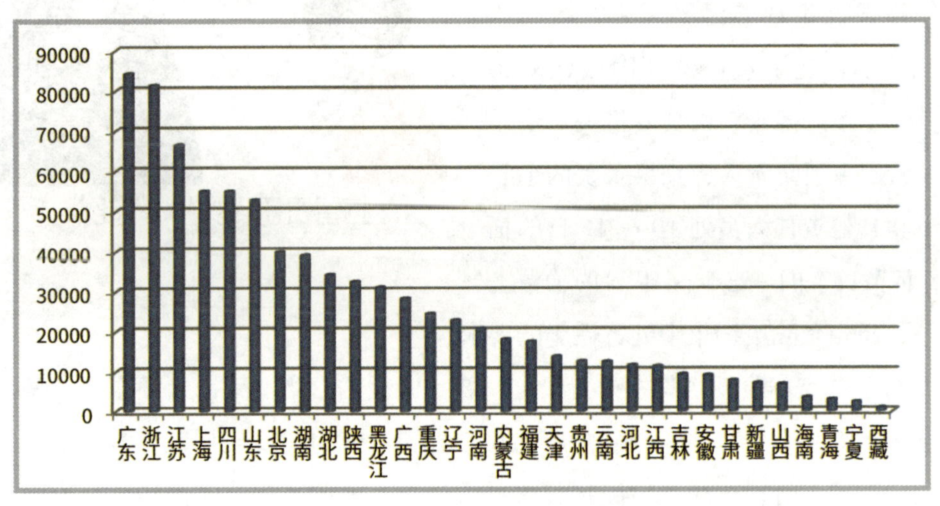

图3 2018年各省（区、市）医疗废物产生情况（单位：吨）

在200个大、中城市当中，医疗废物产生量最大的是上海市，产生量为5.5

万吨；其次是北京、杭州、广州和重庆，产生量分别为4.0万吨、3.0万吨、2.7万吨和2.4万吨。前10位城市产生的医疗废物总量为26.8万吨，占全部总量的32.9%。

医疗废物属于危险废物，所以新《固废法》第九十条明确规定，医疗废物按照国家危险废物名录管理。同时要求，医疗卫生机构应当依法分类收集本单位产生的医疗废物，交由医疗废物集中处置单位处置。医疗废物集中处置单位应当及时收集、运输和处置医疗废物；医疗卫生机构和医疗废物集中处置单位，应当采取有效措施，防止医疗废物流失、泄漏、渗漏、扩散。

如果未采取相应的防范措施，造成医疗废物流失、渗漏或者其他环境污染的，就要按照新《固废法》第一百一十二条第（十）项进行处罚，即由生态环境主管部门责令改正，处10万～100万元的罚款，没收违法所得；情节严重的，报经有批准权的人民政府批准，可以责令停业或者关闭。

造成严重环境污染后果，尚不构成犯罪的，还要按照新《固废法》第一百二十条的规定，由公安机关对法定代表人、主要负责人、直接负责的主管人员和其他责任人员处10～15日的拘留；情节较轻的，处5～10日的拘留。

5. 重点危险废物集中处置设施的要求

对于重点危险废物集中处置设施，新《固废法》第七十六条要求，一是省级政府应当组织有关部门编制危险废物集中处置设施的建设规划，科学评估危险废物处置需求，合理布局危险废物集中处置设施，确保本行政区域的危险废物得到妥善处置；二是编制危险废物集中处置设施的建设规划，应当征求有关行业协会、企业事业单位、专家和公众等方面的意见；三是相邻省、自治区、直辖市之间可以开展区域合作，统筹建设区域性危险废物集中处置设施。

新《固废法》第八十八条还规定，重点危险废物集中处置设施退役前，运营单位应当按照国家有关规定对设施、场所采取污染防治措施。退役的费用应当预提，列入投资概算或者生产成本，专门用于重点危险废物集中处置设施、场所的退役。具体提取和管理办法，由国务院财政部门、价格主管部门会同国务院生态环境主管部门规定。

6. 城镇污水厂污泥处理的要求

新《固废法》第七十一条要求，城镇污水处理设施维护运营单位或者污泥处理单位，要安全处理污泥，保证处理后的污泥符合国家有关标准，对污泥的流向、用途、用量等进行跟踪、记录，并向城镇排水主管部门和生态环境主管部门报告。

如果城镇污水处理设施维护运营单位或者污泥处理单位对污泥流向、用途、用量等，没有进行跟踪、记录，或者处理后的污泥不符合国家有关标准的，就要按照新《固废法》第一百零八条第一款进行处罚，即由城镇排水主管部门责令改正，给予警告；造成严重后果的，处10万～20万元的罚款；拒不改正的，城镇排水主管部门可以指定有治理能力的单位代为治理，所需费用由违法者承担。

此外，新《固废法》第七十二条要求，禁止擅自倾倒、堆放、丢弃、遗撒城镇污水处理设施产生的污泥和处理后的污泥，禁止重金属或者其他有毒有害物质

含量超标的污泥进入农用地。

如果擅自倾倒、堆放、丢弃、遗撒城镇污水处理设施产生的污泥和处理后的污泥的，就要按照新《固废法》第一百零八条第二款进行处罚，即由城镇排水主管部门责令改正，处20万～200万元的罚款，对直接负责的主管人员和其他直接责任人员处2万～10万元的罚款；造成严重后果的，处200万～500万元的罚款，对直接负责的主管人员和其他直接责任人员处5万～50万元的罚款；拒不改正的，城镇排水主管部门可以指定有治理能力的单位代为治理，所需费用由违法者承担。这是新《固废法》中3个最高处以500万元罚款的其中一个，可见对擅自倾倒、堆放、丢弃、遗撒城镇污水处理设施产生的污泥和处理后的污泥的处罚是非常严厉的。

7. 投保环境污染责任保险

新《固废法》第九十九条还要求，收集、贮存、运输、利用、处置危险废物的单位，应当按照国家有关规定，投保环境污染责任保险。

环境污染责任保险，也称环责险，是以企业发生污染事故对第三者造成的损害依法应承担的赔偿责任为标的的保险。具体来说，收集、贮存、运输、利用、处置危险废物的单位作为投保人，依据保险合同按一定的费率向保险公司预先交纳保险费，就可能发生的环境风险事故在保险公司投保，一旦发生污染事故，由保险公司负责对污染受害者进行一定金额的赔偿。

2018年6月16日公布的《中共中央　国务院关于全面加强生态环境保护　坚决打好污染防治攻坚战的意见》提出，推动环境污染责任保险发展，在环境高风险领域建立环境污染强制责任保险制度。因此，在前期试点实践经验基础上，新《固废法》第九十九条明确要求收集、贮存、运输、利用、处置危险废物的单位要按照国家有关规定投保环境污染责任保险，这是首次在生态环境法律中提出环境污染责任保险制度，虽然不是环境污染强制责任保险，但是为进一步积极探索环境污染责任保险制度提供了法律依据和支撑。

解析 6

《固体废物污染环境防治法》中产生工业固体废物企业需要注意的红线问题

根据生态环境部《2019 年全国大、中城市固体废物污染环境防治年报》公布的数据，2018 年全国各省（区、市）大、中城市工业固体废物产生量（见图 4），排在前三位的省（区、市）是内蒙古、辽宁、山东。

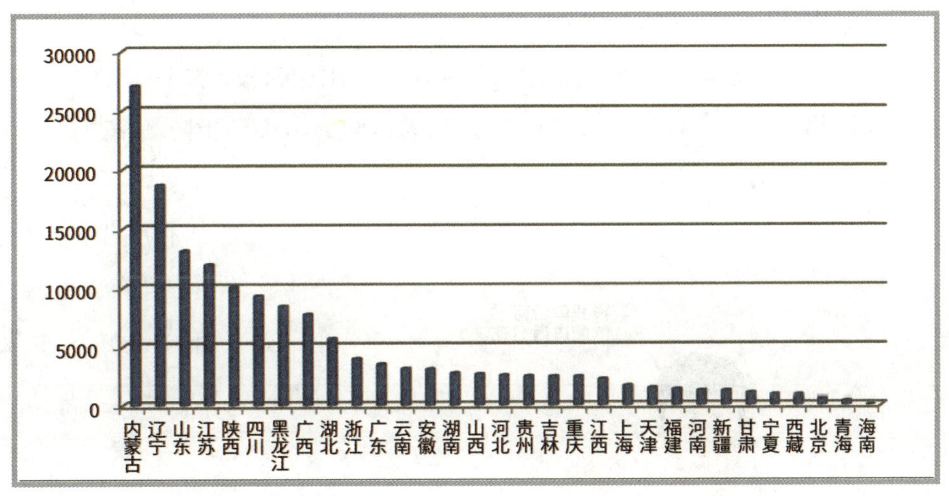

图 4 2018 年各省（区、市）一般工业固体废物产生情况（单位：万吨）

新《固废法》中对于产生工业固体废物的企业，有以下 10 个方面需要注意的红线问题和法律责任重点。

1. 建立全过程污染防治责任制度

新《固废法》第三十六条要求产生工业固体废物的单位，一是要建立全过程污染防治责任制度，在工业固体废物的产生、收集、贮存、运输、利用、处置等6个环节，都有健全的污染防治责任制度。

二是要建立工业固体废物管理台账，如实记录产生工业固体废物的种类、数量、流向、贮存、利用、处置等信息，实现工业固体废物可追溯、可查询，并采取防治工业固体废物污染环境的措施。

三是禁止向生活垃圾收集设施中投放工业固体废物。

如果产生工业固体废物的企业未建立固体废物管理台账并如实记录的，就要按照新《固废法》第一百零二条第（八）项进行处罚，即由生态环境主管部门责令改正，处5万～20万元的罚款，没收违法所得；情节严重的，报经有批准权的人民政府批准，可以责令停业或者关闭。

2. 公开固体废物污染环境防治信息

根据新《固废法》第二十九条第二款要求，产生、收集、贮存、运输、利用、处置固体废物的单位，都应当依法及时公开固体废物污染环境防治信息，主动接受社会监督。

原《固废法》没有要求产生、收集、贮存、运输、利用、处置固体废物的单位及时公开固体废物污染环境防治信息。这是新增的要求，企业一定要高度重视。如果产生、收集、贮存、运输、利用、处置固体废物的单位没有依法及时公开固体废物污染环境防治信息的，就要按照新《固废法》第一百零二条第（一）项进行处罚，即由生态环境主管部门责令改正，处5万～20万元的罚款，没收违法所得；情节严重的，报经有批准权的人民政府批准，可以责令停业或者关闭。

原《固废法》仅在第十二条要求“大、中城市人民政府环境保护行政主管部门应当定期发布固体废物的种类、产生量、处置状况等信息”。2019年，全国共有200个大、中城市向社会发布了2018年固体废物污染环境防治信息。其中，应开展信息发布工作的47个环境保护重点城市和55个环境保护模范城市均已按照规定发布信息，另外还有98个城市自愿开展了信息发布工作。

据统计，2019年全国大、中城市一般工业固体废物产生量为15.5亿吨，工业危险废物产生量为4643.0万吨，医疗废物产生量为81.7万吨，生活垃圾产生量为21147.3万吨。

3. 申领排污许可证

原《固废法》第三十二条规定，国家实行工业固体废物申报登记制度，产生工业固体废物的单位必须按照国务院环保部门的规定，向所在地县级以上地方环保部门提供工业固体废物的种类、产生量、流向、贮存、处置等有关资料。

新《固废法》删除了原《固废法》第三十二条，即取消了工业固体废物申报登记制度，取而代之的是排污许可制度。

新《固废法》第三十九条规定，产生工业固体废物的单位应当取得排污许可证，排污许可的具体办法和实施步骤由国务院规定；产生工业固体废物的单位

应当向所在地生态环境主管部门提供工业固体废物的种类、数量、流向、贮存、利用、处置等有关资料，以及减少工业固体废物产生、促进综合利用的具体措施，并执行排污许可管理制度的相关规定。

同时，新《固废法》在第一百零四条明确，未依法取得排污许可证产生工业固体废物的，由生态环境主管部门责令改正或者限制生产、停产整治，处10万～100万元的罚款；情节严重的，报经有批准权的人民政府批准，责令停业或者关闭。

根据生态环境部《排污许可管理办法（试行）》第六条的规定，由设区的市级环保主管部门负责核发排污许可证，生态环境部负责指导全国排污许可制度实施和监督，各省级环保部门负责本行政区域排污许可制度的组织实施和监督；地方性法规对排污许可证核发权限另有规定的，从其规定。

目前，在前期试点实践经验的基础上，国务院正在制定《排污许可管理条例》，对近几年试点排污许可制度的实施经验进行总结提升，为下一步更好地实施排污许可制度提供坚实的法治支撑。

4. 与受托方承担连带责任

新《固废法》第三十七条规定，产生工业固体废物的单位委托他人运输、利用、处置工业固体废物的，应当对受托方的主体资格和技术能力进行核实，依法签订书面合同，在合同中约定污染防治要求。

并要求，受托方运输、利用、处置工业固体废物，应当依照有关法律法规的规定和合同约定履行污染防治要求，并将运输、利用、处置情况告知产生工业固体废物的单位。

同时还明确，产生工业固体废物的单位未对受托方的主体资格和技术能力进行核实，并在合同中约定污染防治要求的，除了要被予以处罚外，还应当与造成环境污染和生态破坏的受托方承担连带责任。

如果产生工业固体废物的企业没有依法委托他人运输、利用、处置工业固体废物的，就要按照新《固废法》第一百零二条第（九）项进行处罚，即由生态环境主管部门责令改正，处 10 万～ 100 万元的罚款，没收违法所得；情节严重的，报经有批准权的人民政府批准，可以责令停业或者关闭。

5. 转移固体废物出省贮存、处置的要求

新《固废法》第二十二条第一款规定，转移固体废物出省贮存、处置的，应当向固体废物移出地的省级生态环境主管部门提出申请。移出地的省级生态环境主管部门应当及时商经接受地的省级生态环境主管部门同意后，在规定期限内批准转移该固体废物出省。未经批准的，不得转移。

如果未经批准转移固体废物出省贮存、处置的，就要按照新《固废法》第一百零二条第（五）项进行处罚，即由生态环境主管部门责令改正，处 10 万～ 100 万元的罚款，没收违法所得；情节严重的，报经有批准权的人民政府批准，可以责令停业或者关闭。

6. 转移固体废物出省利用的要求

新《固废法》第二十二条第二款规定，转移固体废物出省利用的，应当报固体废物移出地的省级生态环境主管部门备案。移出地的省级生态环境主管部门应当将备案信息通报接受地的省级生态环境主管部门。

如果未报备案就将固体废物转移出省利用的，要按照新《固废法》第一百零二条第（六）项进行处罚，即由生态环境主管部门责令改正，处 10 万～ 100 万元的罚款，没收违法所得；情节严重的，报经有批准权的人民政府批准，可以责令停业或者关闭。

7. 贮存固体废物的要求

根据生态环境部《2019 年全国大、中城市固体废物污染环境防治年报》公布的数据，2018 年，200 个大、中城市一般工业固体废物产生量达到 15.5 亿吨。其中，综合利用量为 8.6 亿吨，占利用处置总量的 41.7%；处置量为 3.9 亿吨，占比

18.9%；贮存量为8.1亿吨，占比39.3%；倾倒丢弃量4.6万吨，占比小于0.1%。详细情况见图5。

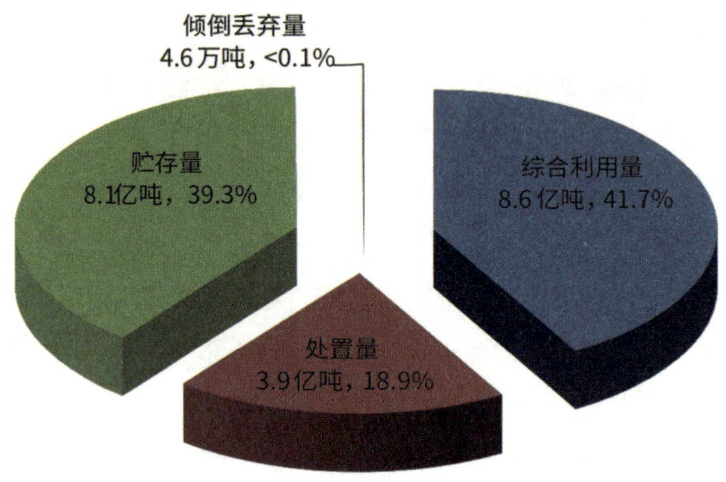

图5 2018年一般工业固体废物利用、贮存和处置情况

新《固废法》第四十条规定，产生工业固体废物的单位应当根据经济、技术条件对工业固体废物加以利用；对暂时不利用或者不能利用的，应当按照国务院生态环境等主管部门的规定建设贮存设施、场所，安全分类存放，或者采取无害化处置措施。贮存工业固体废物应当采取符合国家环境保护标准的防护措施。建设工业固体废物贮存、处置的设施、场所，应当符合国家环境保护标准。

这里提到的国家环境保护标准，即《一般工业固体废物贮存、处置场污染控制标准》（GB 18599—2001）。

如果贮存工业固体废物未采取符合国家环境保护标准的防护措施的，就要按照新《固废法》第一百零二条第（十）项进行处罚，即由生态环境主管部门责令改正，处10万～100万元的罚款，没收违法所得；情节严重的，报经有批准权的人民政府批准，可以责令停业或者关闭。

8. 产生固体废物的企业终止的责任

新《固废法》第四十一条第一款明确规定，产生工业固体废物的单位终止的，应当在终止前对工业固体废物的贮存、处置的设施、场所采取污染防治措施，并对未处置的工业固体废物作出妥善处置，防止污染环境。

如果造成环境污染和生态破坏的，将按照新《固废法》第一百零二条第（十一）项进行处罚，即由生态环境主管部门责令改正，处10万～100万元的罚款，没收违法所得；情节严重的，报经有批准权的人民政府批准，可以责令停业或者关闭。

9. 产生固体废物的企业变更的责任

新《固废法》第四十一条第二款明确规定，产生工业固体废物的单位发生变更的，变更后的单位应当按照国家有关环境保护的规定对未处置的工业固体废物及其贮存、处置的设施、场所进行安全处置或者采取有效措施保证该设施、场所安全运行。变更前当事人对工业固体废物及其贮存、处置的设施、场所的污染防治责任另有约定的，从其约定；但是，不得免除当事人的污染防治义务。

对2005年4月1日前已经终止的单位未处置的工业固体废物及其贮存、处置的设施、场所进行安全处置的费用，由有关人民政府承担；但是，该单位享有的土地使用权依法转让的，应当由土地使用权受让人承担处置费用。当事人另有约定的，从其约定；但是，不得免除当事人的污染防治义务。

10. 矿山企业的特别要求

根据生态环境部《2019 年全国大、中城市固体废物污染环境防治年报》公布的数据，尾矿产生量最大的两个行业是有色金属矿采选业和黑色金属矿采选业，其产生量分别为 4.0 亿吨和 3.7 亿吨，综合利用率分别为 23.4% 和 26.8%。2018 年，重点工业企业尾矿产生量为 8.8 亿吨，占工业企业一般固体废物产生量的 27.4%。综合利用量为 2.4 亿吨，综合利用率为 27.1%。2018 年重点发表调查工业企业的尾矿产生量行业分布见图 6。

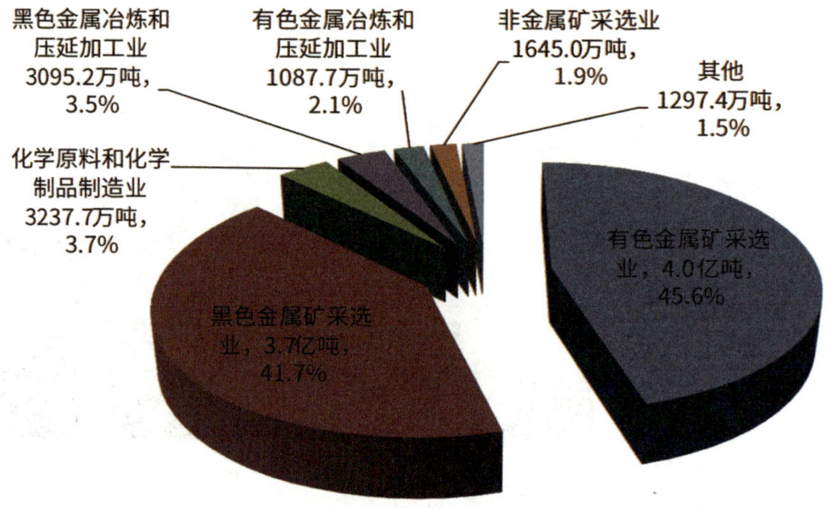

图 6 2018 年重点发表调查工业企业的尾矿产生量行业分布

因此，新《固废法》第四十二条规定，矿山企业应当采取科学的开采方法和选矿工艺，减少尾矿、煤矸石、废石等矿业固体废物的产生量和贮存量。并要求，尾矿、煤矸石、废石等矿业固体废物贮存设施停止使用后，矿山企业应当按照国家有关环境保护等规定进行封场，防止造成环境污染和生态破坏。

如果尾矿、煤矸石、废石等矿业固体废物贮存设施停止使用后，未按照国家有关环境保护规定进行封场的，就要按照新《固废法》第一百一十条进行处罚，即由生态环境主管部门责令改正，处 20 万～ 100 万元的罚款。

解析 7

《固体废物污染环境防治法》中生活垃圾和污水处理企业需要注意的红线问题

根据生态环境部《2019 年全国大、中城市固体废物污染环境防治年报》公布的数据，2018 年全国各省（区、市）200 个大、中城市生活垃圾产生量为 21147.3 万吨，处置量 21028.9 万吨，处置率达到 99.4%。2018 年各省（区、市）城市生活垃圾产生量情况见图 7，排在前三位的省（区、市）是广东、江苏、浙江。

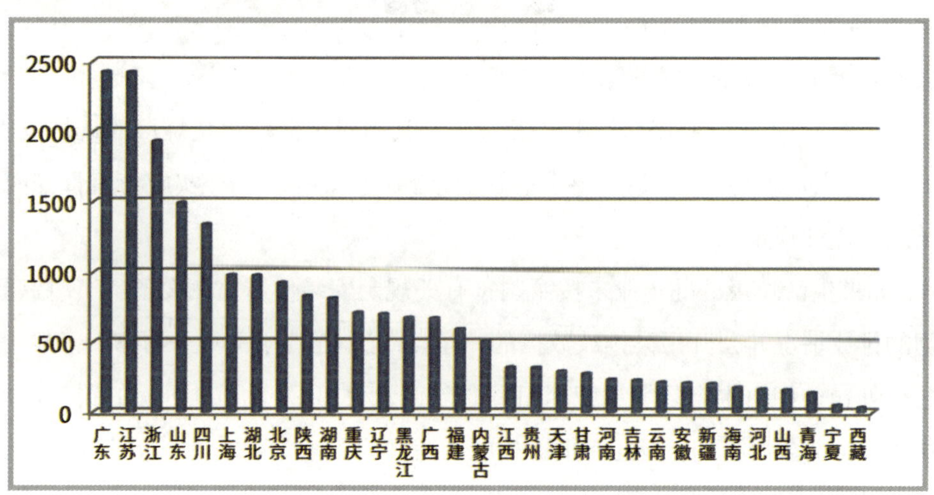

图 7　2018 年各省（区、市）城市生活垃圾产生情况（单位：万吨）

新《固废法》中对于生活垃圾和污水处理企业的企业，有以下 3 个方面需要注意的红线问题和法律责任重点。

1. 实时监测并公开污染物排放数据

新《固废法》总结实践经验，在第五十六条明确要求，生活垃圾处理企业要按照国家有关规定，安装使用监测设备，实时监测污染物的排放情况，将污染排放数据实时公开；生活垃圾处理企业的实时监测设备要与所在地生态环境主管部门的监控设备联网。这里提到的国家有关规定，即环境保护部和国家质量监督检验检疫总局于 2014 年 5 月 16 日发布的国家标准——《生活垃圾焚烧污染控制标准》（GB 18485—2014），其中对生活垃圾焚烧厂的选址要求、技术要求、入炉废物要求、运行要求、排放控制要求、监测要求、实施与监督等内容，都做出了详细规定。

如果生活垃圾处理企业未按照国家有关规定安装使用监测设备、实时监测污染物的排放情况并公开污染排放数据的，将按照新《固废法》第一百零二条第（二）项进行处罚，即由生态环境主管部门责令改正，处 10 万～100 万元的罚款，没收违法所得；情节严重的，报经有批准权的人民政府批准，可以责令停业或者关闭。

城市生活垃圾和生活污水处理设施是重要的民生工程，对于改善环境质量具有基础性作用。为保障公众环境知情权、参与权、监督权，提高全社会生态环境保护意识，环境保护部会同住房城乡建设部，于 2017 年 5 月 5 日印发了《关于推进环保设施和城市污水垃圾处理设施向公众开放的指导意见》（环宣教〔2017〕62 号），推进环境监测设施、城市污水处理设施、城市生活垃圾处理设施以及危险废物和废弃电器电子产品处理设施等四类设施向公众开放，以增强公众的科学认识和监督意识。

2018 年 6 月，在中共中央和国务院发布的《关于全面加强生态环境保护坚决打好污染防治攻坚战的意见》中，也提出“环保设施和城市污水垃圾处理设施向社会开放”的要求。同年，生态环境部会同住房城乡建设部，于 2018 年 9 月 18 日印发《关于进一步做好全国环保设施和城市污水垃圾处理设施向公众开放工作的通知》（环办宣教〔2018〕29 号），提出“到 2020 年底前，全国所有地级及以上城市选择至少 1 座环境监测设施、1 座城市污水处理设施、1 座垃圾处理设施、1 座危险废物集中处置或废弃电器电子产品处理设施定期向公众开放，接受公众参观。鼓励地级及以上城市有条件开放的四类设施全部开放”。并明确“到 2018 年、2019 年、2020 年年底前，各省（区、市）四类设施开放城市的比例分别达到 30%、70%、100%”。

2. 禁止擅自关闭、闲置或者拆除垃圾处理设施

新《固废法》第五十五条规定，建设生活垃圾处理设施、场所，应当符合国

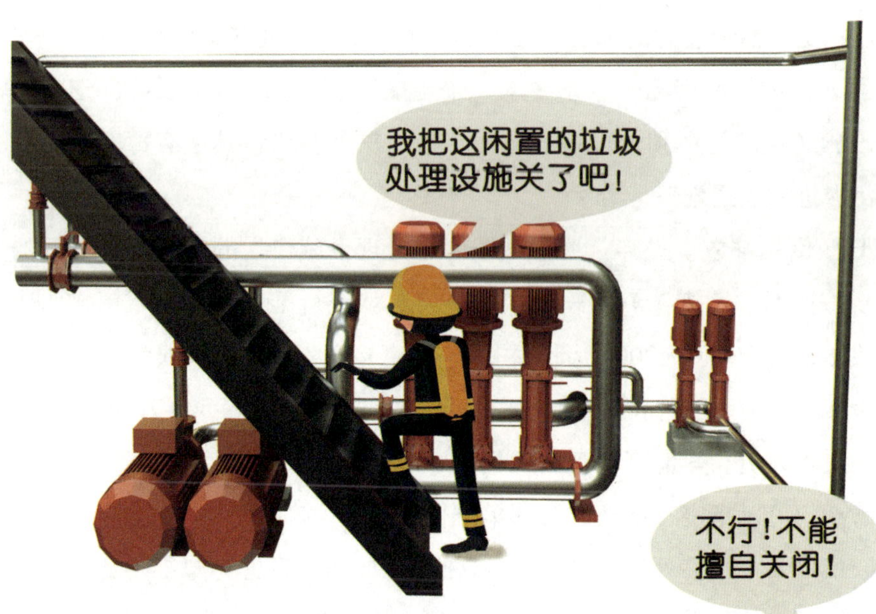

务院生态环境主管部门和国务院住房城乡建设主管部门规定的环境保护和环境卫生标准。并且明确要求，禁止擅自关闭、闲置或者拆除生活垃圾处理设施、场所；确有必要关闭、闲置或者拆除的，应当经所在地的市、县级人民政府环境卫生主管部门商所在地生态环境主管部门同意后核准，并采取防止污染环境的措施。

如果擅自关闭、闲置或者拆除生活垃圾处理设施、场所的，就要按照新《固废法》第一百一十一条第（二）项进行处罚，即由县级以上地方环境卫生主管部门责令改正，处 10 万～ 100 万元的罚款，并没收违法所得。

3. 城镇污水厂污泥处理的要求

新《固废法》第七十一条要求，城镇污水处理设施维护运营单位或者污泥处理单位，要安全处理污泥，保证处理后的污泥符合国家有关标准，对污泥的流向、用途、用量等进行跟踪、记录，并向城镇排水主管部门和生态环境主管部门报告。

如果城镇污水处理设施维护运营单位或者污泥处理单位对污泥流向、用途、用量等，没有进行跟踪、记录，或者处理后的污泥不符合国家有关标准的，就要按照新《固废法》第一百零八条第一款进行处罚，即由城镇排水主管部门责令改正，给予警告；造成严重后果的，处 10 万～ 20 万元的罚款；拒不改正的，城镇排水主管部门可以指定有治理能力的单位代为治理，所需费用由违法者承担。

此外，新《固废法》第七十二条要求，禁止擅自倾倒、堆放、丢弃、遗撒城镇污水处理设施产生的污泥和处理后的污泥，禁止重金属或者其他有毒有害物质含量超标的污泥进入农用地。

如果擅自倾倒、堆放、丢弃、遗撒城镇污水处理设施产生的污泥和处理后的污泥的，就要按照新《固废法》第一百零八条第二款进行处罚，即由城镇排水主管部门责令改正，处 20 万～ 200 万元的罚款，对直接负责的主管人员和其他直接责任人员处 2 万～ 10 万元的罚款；造成严重后果的，处 200 万～ 500 万元的罚款，对直接负责的主管人员和其他直接责任人员处 5 万～ 50 万元的罚款；拒不改正的，城镇排水主管部门可以指定有治理能力的单位代为治理，所需费用由违法者承担。这是新《固废法》中 3 个最高处以 500 万元罚款的其中一个，可见对擅自倾倒、堆放、丢弃、遗撒城镇污水处理设施产生的污泥和处理后的污泥的处罚是非常严厉的。

解析 8

《固体废物污染环境防治法》中电子产品生产企业需要注意的红线问题

新《固废法》中对于电子产品生产企业，有以下 4 个方面需要注意的红线问题和法律责任重点。

1. 生产者责任延伸制度

生产者责任延伸制度 (extended producer responsibility，EPR)，是指将生产者对其产品所承担的环境责任从生产环节延伸到产品设计、流通消费、回收利用、废物处置等全生命周期的制度。实施生产者责任延伸制度，是加快生态文明建设和绿色循环低碳发展的内在要求，对推进供给侧结构性改革和制造业转型升级具有积极意义。

近年来，我国在部分电器电子产品领域探索实行生产者责任延伸制度，取得了较好效果。为进一步推行生产者责任延伸制度，2016 年 12 月 25 日，国务院办公厅印发《生产者责任延伸制度推行方案》（国办发〔2016〕99 号），在电器电子产品、汽车和电动汽车动力电池、铅酸蓄电池、饮料纸基复合包装等领域实行生产者责任延伸制度，加快建立生产者责任延伸的制度框架和责任明确、规范有序、监管有力的激励约束机制，推动生产企业切实落实资源环境责任，提升生态文明建设水平。

为进一步推动法治引导，复制和推广实践经验，新《固废法》第六十六条明确规定，国家建立电器电子、铅蓄电池、车用动力电池等产品的生产者责任延伸制度。

2. 建立与产品销售量相匹配的废旧产品回收体系

新《固废法》第六十六条要求，电器电子、铅蓄电池、车用动力电池等产品的生产者，要以自建或者委托等方式，建立与产品销售量相匹配的废旧产品回收体系，并向社会公开，实现有效回收。

同时，新《固废法》第六十七条要求，国家对废弃电器电子产品等实行多渠道回收和集中处理制度；拆解、利用、处置废弃电器电子产品，应当遵守有关法律法规的规定，采取防止污染环境的措施。

2008 年 8 月 20 日国务院第 23 次常务会议通过《废弃电器电子产品回收处理管理条例》，2009 年 2 月 25 日国务院令第 551 号予以公布，于 2011 年 1 月 1 日起施行。2019 年 3 月 2 日《国务院关于修改部分行政法规的决定》对该条例进行了修订。修订后的条例明确，废弃电器电子产品的处理活动，是指将废弃电器电子产品进行拆解，从中提取物质作为原材料或者燃料，用改变废弃电器电子产品物理、化学特性的方法减少已产生的废弃电器电子产品数量，减少或者消除其危害成分，以及将其最终置于符合环境保护要求的填埋场的活动，不包括产品维修、翻新以及经维修、翻新后作为旧货再使用的活动。

近年来，随着科技进步和生活水平的提高，废弃电器电子产品数量增长迅猛。2018 年，全国共拆解处理废弃电器电子产品 8 100.5 万台（套），同比增长 1.3%。全国拆解处理的废弃电器电子产品中，废电视机为 4 253.2 万台，占比 52.5%，较去年增加 1.1%；废电冰箱为 921.8 万台，占比 11.4%，较去年增加 14.6%；废洗衣机为 1 441.2 万台，占比 17.8%，较去年增加 6.0%；废空调器为 505.8 万套，占比 6.2%，较去年增加 27.1%；废微型计算机为 978.5 万套，占比 12.1%，较去年下降 20.2%（图 8）。因此，急需建立与产品销售量相匹配的废旧产品回收体系，及时回收和集中处理废弃电器电子产品，防止污染环境和破坏生态。

3. 废弃产品要交给有处理资格的单位处理

《废弃电器电子产品回收处理管理条例》第六条规定，国家对废弃电器电子产品处理实行资格许可制度，由设区的市级生态环境主管部门审批废弃电器电子产品处理企业资格。

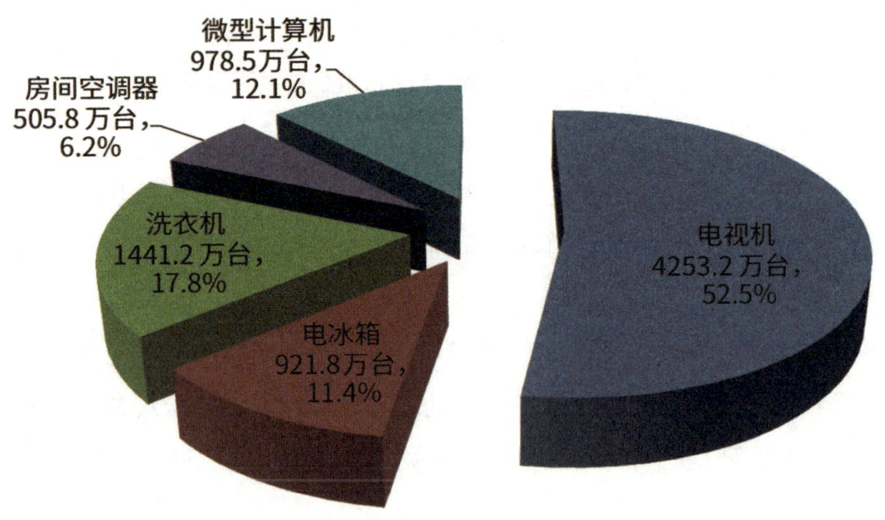

图 8 2018 年各类废弃电器电子产品拆解处理情况

处5万～50万元罚款

无证处理

同时在第三条明确规定，由国务院资源综合利用主管部门会同国务院生态环境、工业信息产业等主管部门制订和调整《废弃电器电子产品处理目录》，报国务院批准后实施。

因此，对于列入《废弃电器电子产品处理目录》的废弃电器电子产品进行回收处理，要向设区的市级生态环境主管部门申请废弃电器电子产品处理企业的资格。

如果未取得废弃电器电子产品处理资格，就擅自从事废弃电器电子产品处理活动的，则根据《废弃电器电子产品回收处理管理条例》第二十八条进行处罚，即由县级以上生态环境主管部门责令停业、关闭，没收违法所得，并处 5 万～ 50 万元的罚款。

4. 缴纳废弃电器电子产品处理基金

《废弃电器电子产品回收处理管理条例》第七条规定，国家建立废弃电器电子产品处理基金，用于废弃电器电子产品回收处理费用的补贴。电器电子产品生产者、进口电器电子产品的收货人或者其代理人应当按照规定履行废弃电器电子产品处理基金的缴纳义务。

为落实《废弃电器电子产品回收处理管理条例》的要求，进一步促进废弃电器电子产品回收处理，2012 年 5 月 21 日，财政部、环境保护部、国家发展改革委、工业和信息化部、海关总署和国家税务总局联合发布《废弃电器电子产品处理基金征收使用管理办法》（财综〔2012〕34 号）。该办法要求电器电子产品生产者、进口电器电子产品的收货人或者其代理人，都要履行基金缴纳义务。其中，电器电子产品生产者包括自主品牌生产企业和代工生产企业。该办法明确，电视机类征收标准为 13 元／台，电冰箱类为 12 元／台，微型计算机类为 10 元／台，洗衣机类和房间空调器类为 7 元／台。

解析 9

《固体废物污染环境防治法》中电商、快递和外卖企业需要注意的红线问题

本书将深入分析新《固废法》中电商、快递和外卖企业需要注意的红线问题和法律责任重点。新《固废法》中对于电商、快递和外卖企业，有以下两个方面需要注意的红线问题和法律责任重点。

1. 限制商品过度包装

近年来，伴随网购和外卖的风行，过度包装和一次性塑料制品使用问题比较突出。据国家邮政局公布的数据显示，2019 年中国快递业务量突破 600 亿件，同比增长 26.6%，仅快递所耗胶带就可以缠绕地球 1200 余圈。

新《固废法》针对过度包装问题，在第六十八条作了以下规定:

一是国家鼓励和引导消费者使用绿色包装和减量包装，产品和包装物的设计、制造应当遵守国家有关清洁生产的规定。

二是国务院标准化主管部门应根据国家经济和技术条件、固体废物污染环境防治状况以及产品的技术要求，组织制定有关标准，防止过度包装造成环境污染。

三是强调生产经营者应当遵守限制商品过度包装的强制性标准，避免过度包

装。市场监督管理部门和有关部门应当加强对过度包装的监督管理。

四是要求生产、销售、进口依法被列入强制回收目录的产品和包装物的企业，应当按照规定对该产品和包装物进行回收。

五是规定电子商务、快递、外卖等行业应当优先采用可重复使用、易回收利用的包装物，优化物品包装，减少包装物的使用，并积极回收利用包装物。商务、邮政等主管部门应当加强监督管理。

如果生产经营者未遵守限制商品过度包装的强制性标准的，就要按照新《固废法》第一百零五条进行处罚，即由县级以上地方市场监督管理部门或者商务、邮政等有关部门责令改正；拒不改正的，处以2000元以上，2万元以下的罚款；情节严重的，处以2万元以上，10万元以下的罚款。

2. 限制一次性塑料制品使用

新《固废法》针对一次性塑料制品的污染治理问题，在第六十九条作了以下规定：

一是明确国家依法禁止、限制生产、销售和使用不可降解塑料袋等一次性塑料制品。

二是要求商品零售场所开办单位、电子商务平台企业和快递企业、外卖企业按照规定向商务、邮政等主管部门报告塑料袋等一次性塑料制品的使用、回收情况。

三是规定国家鼓励和引导减少使用、积极回收塑料袋等一次性塑料制品，推广应用可循环、易回收、可降解的替代产品。

新《固废法》第七十条还要求，旅游、住宿等行业应当推行不主动提供一次性用品，机关、企业事业单位等办公场所应当使用有利于保护环境的产品、设备和设施，减少使用一次性办公用品。

如果没有遵守国家有关禁止、限制使用不可降解塑料袋等一次性塑料制品的规定，或者未按照国家有关规定报告塑料袋等一次性塑料制品的使用情况的，就要按照新《固废法》第一百零六条进行处罚，即由县级以上地方商务、邮政等主管部门责令改正，处1万～10万元的罚款。

典型案例

案例 1

四川珙县巡场矿业有限责任公司、侯某宇污染环境罪

中央生态环境保护督察组接到举报后立案，实际控制人被判刑

基本案情：

被告单位珙县巡场矿业有限责任公司的前身为1980年成立的麻岭经营部，后几经改制成立有限责任公司。1999年，珙县巡场矿业有限责任公司投资成立分公司——珙县巡场矿业有限责任公司蜀南硫铁矿（以下简称蜀南硫铁矿）。

2014年12月2日，珙县巡场矿业有限责任公司原股东罗某2、罗某1与被告人侯某宇和侯某、苟某等人签订《珙县巡场矿业有限责任公司股权转让协议》，将珙县巡场矿业有限责任公司（含蜀南硫铁矿）的所有权、经营权转让给被告人侯某宇等人。被告人侯某宇为转让后珙县巡场矿业有限责任公司的实际出资人和控制人，其先后委托侯某、邹某川（另案处理）代为持股，邹某川任公司法定代表人。

2015年3月，被告人侯某宇开始投资对蜀南硫铁矿进行整改，后因该矿采矿许可证等证件即将到期，遂向安监部门申请停产两年（2015年5月1日—2017年4月30日），获安监部门批准，批准文件上明确要求公司在停产期间要加强矿山值守和维护，确保矿山安全。

之后，被告人侯某宇、邹某川便安排工人在蜀南硫铁矿值班和抽水，将该矿井下的黄泔水抽到地名猴子沱（尾矿库）处存放。直至2016年8月，邹某川因病返回湖北老家，经向被告人侯某宇请示，被告人侯某宇明确表示不再安排工人值班和抽水。之后，蜀南硫铁矿井下的黄泔水便从675副平硐涌出，未经处理，直接排入溪沟和洛浦河。

2017年8月下旬，中央第五环境保护督察组接到群众有关蜀南硫铁矿污染环

境的举报后，责成宜宾市、珙县相关部门查处，珙县环境保护局依法对该案立案调查，委托珙县环境监测站对蜀南硫铁矿排污点（675副平硐井口、涌水排放管道口）排放的黄汨水进行取样监测，结果为部分重金属浓度严重超过《污水综合排放标准》（GB 8978—1996）表1、表2中的一级标准限值，其中：六价铬浓度超过7倍以上、锰浓度超过21倍以上、铜浓度超过144倍以上、锌浓度超过91倍以上、镉浓度超过21倍以上、镍浓度超过31倍以上。

蜀南硫铁矿污染环境案件发生后，珙县人民政府成立了污染问题整治领导小组，制定整治方案，列为应急治理工程，明确由政府垫资先行治理，并确定由县自然资源和规划局、县环境保护局分别牵头负责废水治理和尾矿库治理，底洞镇人民政府负责具体建设施工。截至目前，该两处治理工程已施工完毕，废水治理工程竣工结算价达113.674万元，尾矿库治理工程评价达111.9267万元。

2017年9月2日，珙县环境保护局将该案线索移送至珙县公安局。同年9月8日，珙县公安局对该案立案侦查。被告人侯某宇在接受调查时如实供述了其从2016年8月起不再安排工人抽水的事实。2017年12月1日，湖北省荆州市火车站民警查获被告人侯某宇。

法院审理：

（一）四川省珙县人民法院一审

四川省珙县人民法院一审认为，被告单位珙县巡场矿业有限责任公司及被告人侯某宇，违反国家规定，排放含有六价铬、锰、铜、锌、镉、镍等重金属的有毒物质，严重污染环境，后果特别严重，其行为已构成污染环境罪。公诉机关指控的事实清楚，证据确实充分，指控的罪名成立。被告人侯某宇具有自首情节，可以从轻或者减轻处罚。

依照《中华人民共和国刑法》第三百三十八条、第三百四十六条、第六十七条第一款的规定，判决：一、被告单位珙县巡场矿业有限责任公司犯污染环境罪，判处罚金人民币三十万元。二、被告人侯某宇犯污染环境罪，判处有期徒刑二年六个月，并处罚金人民币五万元。

被告人侯某宇不服判决，向四川省宜宾市中级人民法院提出上诉。

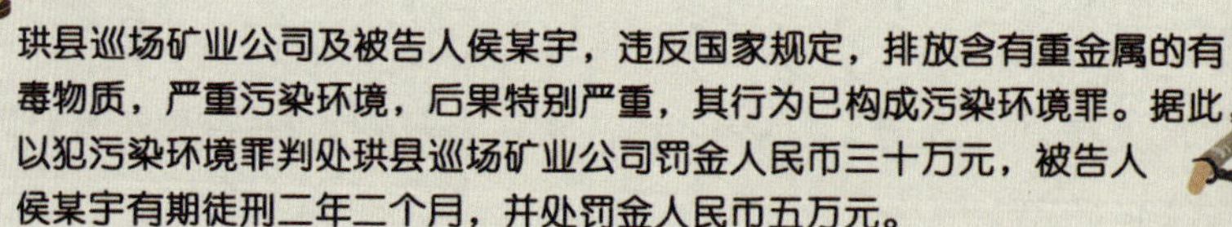

珙县巡场矿业公司及被告人侯某宇，违反国家规定，排放含有重金属的有毒物质，严重污染环境，后果特别严重，其行为已构成污染环境罪。据此，以犯污染环境罪判处珙县巡场矿业公司罚金人民币三十万元，被告人侯某宇有期徒刑二年二个月，并处罚金人民币五万元。

（二）四川省宜宾市中级人民法院二审

原审被告人侯某宇上诉提出，蜀南硫铁矿自2004年来一直存在环境污染的事实，由于原股东的欺诈，侯某宇上当受骗，接手后没有组织生产，没有产生新的污染源，环境污染的责任主体应是原股东。珙县巡场矿业有限责任公司及蜀南硫铁矿的《营业执照》《安全生产许可证》《排污许可证》等证照证明侯某宇不是法定代表人、负责人、主要责任人和直接责任人，如果本案构成污染环境罪，罗某1、罗某2和罗某6才是犯罪主体。

四川省宜宾市中级人民法院二审认为，2014年12月，侯某宇与罗某1等人签订《股权转让协议》，由此取得珙县巡场矿业有限责任公司及蜀南硫铁矿相关资产和经营管理权。虽然蜀南硫铁矿相关证照的登记尚未变更，但侯某宇已实际取得并于2015年3月着手实施蜀南硫铁矿的整改意图恢复生产，后因采矿许可到期等原因向安监部门申请停产，并获得批准自2015年5月起停产两年。在此期间，侯某宇是蜀南硫铁矿的实际控制人和管理人，对蜀南硫铁矿的排污负有管理责任。蜀南硫铁矿原股东是否是相关责任人，不影响侯某宇应当承担的法律责任。

因此，一审判决认定事实清楚，证据确实充分，罪名成立，适用法律正确，审判程序合法，唯量刑不当，予以改判。

裁判结果：

2020年1月2日，四川省宜宾市中级人民法院判决如下：

一、被告单位珙县巡场矿业有限责任公司犯污染环境罪，判处罚金人民币三十万元。

二、被告人侯某宇犯污染环境罪，判处有期徒刑二年二个月，并处罚金人民币五万元。

本判决为终审判决。

案例 2

山东弘聚新能源有限公司等污染环境罪

中央电视台新闻频道于 2016 年 1 月 17 日《朝闻天下》播出“废矿井排污引发 4 人命案”的新闻，对该案例进行过报道。

基本案情：

2015 年 10 月 21 日 6 时许，章丘市普集镇上皋村某院落内发生一起重大污染环境案件，陈某、张某、窦某、路某等 4 名涉嫌非法排放危险废物人员当场中毒身亡。

警方立即成立专家组进行调查，通过对现场死亡的 4 名嫌疑人身份进行排查，对其遗留的手机、车辆等物品进行分析比对，最终确定危险废物物出自淄博市某化工有限公司。

案发前一天，即 2015 年 10 月 20 日，因该公司生产车间产生了一些废碱，工作人员联系其供应公司的内勤周某处理，周某找到中介王某。王某找到殷某处理，双方约定处理费用为每吨 300 元。谈好价格后，殷某找到郭某，郭某联系张某处理，同时联系危险品运输车（驾驶员和押运员分别为窦某、路某）运输，周某为该车开具装车单。

10 月 20 日晚至 21 日凌晨，该车持装车单进厂装货，装载 23.72 吨废碱运输至陈继新租赁的废弃煤井处，将废碱排放至井中，渗入地下。陈某、张某、窦某、路某等 4 人在排放废物过程因吸入过量有毒挥发气体导致中毒身亡。

案件发生后，当地警方以多名中介联系人为重点突破口，持续加强证据挖掘力度，发现他们不光在一个村内偷排废化工原料，还在章丘市双山街道马安村的一废弃矿井内偷偷进行排放。此案共牵出 7 家违法偷排化工企业，其中省内 5 家，省外 2 家。这 7 家化工企业，在化工产品生产、试生产过程中产生废酸、废碱等废液。经山东省环境保护科学研究设计院环境风险与污染损害鉴定评估中心鉴定，上述废液均为危险废物。

2015 年 7—10 月，张某为谋取利益，自己或通过殷某、郭某、贺某、李某等人联系上述几家公司处理危险废物，并将陈某、蘧某的租赁地作为处理地点。7 家涉案企业为降低 3000 ~ 6000 元／吨的危险废物物处理成本，雇用相关人员以 300 ~ 500 元／吨的价格非法偷排危险废物酸碱液体；除去运输成本，中介和实施偷排人员实际每吨获利仅有 100 余元，却严重损害了环境。

经山东省环境保护科学研究设计院环境风险与污染损害鉴定评估中心评估，涉事企业共向章丘市境内排放废碱废酸 1181.72 吨，上皋村倾倒入废弃煤井的废酸液导致环境污染共造成公私财产直接经济损失为 1759.67 万元。上皋村污染环境涉及的环境损害费用中应急处置阶段损害费用 4300 余万元，生态环境损害费用近 2 亿元，马安村环境损害费用中应急处置费用 56 万元，生态环境损害费用 620 余万元。

法院审理：

法院审理认为，被告单位山东弘聚新能源有限公司及其直接负责的主管人员被告人白某、被告单位山东麟丰化工科技有限公司及其直接负责的主管人员被告人李某，被告人于某、王某、魏某、周某甲、赵某、周某乙明知他人无危险废物经营许可证，向他人提供或委托他人处置危险废物，严重污染环境；被告人郭某、殷某、贺某、蘧某明知自己及他人均无危险废物处置的资质和能力，为谋取私利，违反国家规定，擅自联系收集、转移处理危险废物，放任或伙同他人处置危险废物，严重污染环境；被告人张某甲、林某、马某、张某乙、郭某乙安排或参与运输、排放危险废物，严重污染环境，其行为均构成污染环境罪。

被告单位山东弘聚新能源有限公司、山东麟丰化工科技有限公司及被告人白某、于某、郭某、殷某、王某、赵某、魏某、蘧某、贺某、周某甲、张某甲、林某、马某、郭某乙、周某乙、李某此前无违法犯罪记录，系初犯，并都如实供述了其主要犯罪事实，均自愿认罪，对前列被告单位及被告人酌情予以从轻处罚。

裁判结果：

2017 年 11 月 22 日，山东省济南市章丘区人民法院一审判决，对被告单位山东弘聚新能源有限公司、山东麟丰化工科技有限公司、被告人李某等15人依照《中华人民共和国刑法》第三百三十八条、第三百四十六条、第二十五条第一款、第二十六条第一款、第六十七条第一款、第六十四条的规定，判决被告单位山东弘聚新能源有限公司犯污染环境罪，判处罚金人民币一百万元；被告单位山东麟丰化工科技有限公司犯污染环境罪，判处罚金人民币二十万元；被告人郭某犯污染环境罪，判处有期徒刑六年，并处罚金人民币六万元；被告人殷某犯污染环境罪，判处有期徒刑五年，并处罚金人民币五万元；被告人白某、于某犯污染环境罪，

弘聚新能源公司等及其直接负责人员明知他人无危险废物经营许可证，向他人提供或委托他人处置危险废物；被告人郭某等人明知自己及他人均无危险废物处置的资质和能力，为谋取私利，违反国家规定，擅自联系收集、转移处理危险废物，放任或伙同他人处置危险废物；被告人张某甲等人安排或参与运输、排放危险废物。以上行为严重污染环境，构成污染环境罪。据此，以犯污染环境罪判处，其中最高罚金人民币一百万元，最长有期徒刑六年。

判处有期徒刑四年，并处罚金人民币四万元；被告人王某犯污染环境罪，判处有期徒刑三年零六个月，并处罚金人民币三万五千元；被告人魏某犯污染环境罪，判处有期徒刑三年，并处罚金人民币三万元；被告人蘧某犯污染环境罪，判处有期徒刑二年零二个月，并处罚金人民币二万六千元；被告人赵某、周某甲、贺某、张某甲、林某、马某犯污染环境罪，判处有期徒刑二年，并处罚金人民币二万元；被告人张某乙、郭某乙犯污染环境罪，判处有期徒刑一年零八个月，并处罚金人民币一万三千元。暂存在腾跃公司的地上废渣桶81桶（固体）、地上废液桶25桶（液体）、仓库里黄桶60桶（液体）、地下废液桶101桶（液体）、地下废渣和土壤25袋（固体）、鲁CB6590罐车输送管道残存的废液一桶半，由公安机关负责处理。

2018年3月16日山东省济南市中级人民法院二审裁定：原审判决认定的犯罪事实清楚，证据确实、充分，审判程序合法。维持山东省济南市章丘区人民法院对山东弘聚新能源有限公司、山东麟丰化工科技有限公司、郭某甲、殷某、王某、魏某、蘧某、赵某、周某甲、贺某、张某甲、林某、马某、张某乙、郭某乙、周某乙、李某的定罪量刑。撤销山东省济南市章丘区人民法院判处白某、于某各有期徒刑四年，并处罚金人民币四万元的量刑。改判白某、于某犯污染环境罪，判处各有期徒刑三年，并处罚金人民币三万元。

案例 3

浙江汇德隆染化有限公司污染环境罪

非法倾倒 1.8 万吨精馏残液危险废物，构成污染环境罪。最高人民法院公布的八起环境污染犯罪典型案例之一。

基本案情：

被告单位浙江汇德隆染化有限公司（以下简称“汇德隆公司”）是一家年产4 万吨保险粉及 3800 吨亚硫酸钠的化工企业，产量在国内名列前茅。保险粉是一种漂白剂，广泛用于纺织工业等领域，在生产中产生的残液（含有甲醇、甲酸钠、亚硫酸钠等成分）属于危险废物，需要经过处理后，作为固体废物送至固体废物处理公司焚烧处理，不能随意处置。绍兴腾达印染有限公司（以下简称“腾达公司”）主要经营印花、染色等项目，上述两公司实际控制人均为被告人严某兴。在保险粉合成、过滤干燥过程中产生的精馏残液（含有甲醇、甲酸钠、亚硫酸钠等成分），属于危险废物。

2012 年 7—8 月，为缓解汇德隆公司处理精馏残液的排污压力，严某兴经与被告人潘某峰（汇德隆公司总经理）、潘某林（腾达公司土建主管）商议，将汇德隆公司的精馏残液外运至无危险废物处置资质的腾达公司。精馏残液经与腾达公司自身产生的废水混合后，通过暗管直接排入管网，累计排放 5000 余吨。

2012 年 10 月起，为缓解汇德隆公司处理精馏残液的排污压力，潘某峰又以50 ~ 80 元 / 吨的价格委托无危险废物处置资质的被告人汝某国外运处置汇德隆公司的精馏残液，严某兴明知且默许上述外运处置行为。

汝某国伙同被告人汝某成、汝某，分别雇用被告人徐某锁、唐某征、李某华、罗某杰等人采用槽罐车将上述精馏残液运至杭州湾上虞工业园区外海塘等地直接倾倒，累计倾倒 18000 余吨。

被告人潘某凤（汇德隆公司仓库主管）明知汇德隆公司非法外运处置精馏残液，仍接受潘某峰的指派，组织人员负责对运输精馏残液的槽罐车过磅、填写供货清单等工作。

法院审理：

法院审理认为，精馏残液，系危险废物。根据国务院颁布的《危险废物经营许可证管理办法》第二条、第十五条、第三十一条的规定，在中华人民共和国境内从事危险废物收集、贮存、处置经营活动的单位，应当领取危险废物经营许可证。禁止无经营许可证或者不按照经营许可证规定从事危险废物收集、贮存、处置经营活动。

根据浙江省环境保护科学设计研究院出具的《浙江汇德隆染化有限公司精馏残液杭州湾倾倒事件环境污染损害鉴定评估报告》，汇德隆公司精馏残液杭州湾倾倒事件直接导致周围海域水质污染加重。据该院评估，此次环境污染损害费用不低于5412.5～10825元/吨。

根据《最高人民法院 最高人民检察院关于办理环境污染刑事案件适用法律若干问题的解释》第一条的规定，非法排放、倾倒、处置危险废物达到3吨（含3吨）以上的违法行为，认定为“严重污染环境”，即已经构成了犯罪，按照《刑法》第三百三十八条“污染环境罪”定罪处罚，处三年以下有期徒刑或者拘役，并处或者单处罚金；后果特别严重的，处三年以上七年以下有期徒刑，并处罚金。

无危险废物许可证从事收集、贮存、利用、处置危险废物经营活动，严重污染环境的，根据《最高人民法院 最高人民检察院关于办理环境污染刑事案件适用法律若干问题的解释》第六条的规定，按照《刑法》第三百三十八条“污染环境罪”定罪处罚。

裁判结果：

浙江省绍兴市上虞区人民法院一审判决、绍兴市中级人民法院二审裁定认为：被告单位汇德隆公司伙同被告人汝某国、汝某成、汝某等违反国家规定，排放、倾倒、处置有毒物质，严重污染环境，其行为已构成污染环境罪，且属于后果特别严重。综合考虑案发后自首、立功、如实供述、退缴违法所得、补缴污水处理费等情节，

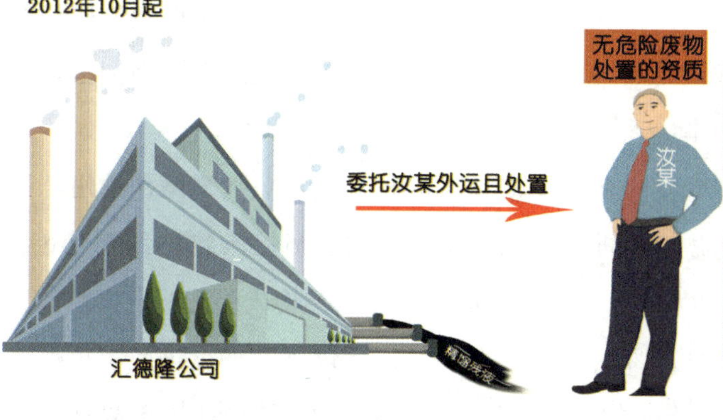

汝某雇用徐某等人将精馏残液运至杭州湾上虞工业园区外海塘等地直接倾倒，累计倾倒18000余吨。

汇德隆公司伙同被告人汝某国、汝某成、汝某等违反国家规定，排放、倾倒、处置有毒物质，严重污染环境，其行为已构成污染环境罪，且属于后果特别严重。据此，判处被告单位汇德隆染化有限公司罚金人民币两千万元；被告人最长有期徒刑四年六个月，最高罚金人民币一百万元。

以污染环境罪判处被告单位浙江汇德隆染化有限公司罚金人民币两千万元；判处被告人严某有期徒刑四年六个月，并处罚金人民币一百万元；判处被告人潘某林、汝某国各有期徒刑四年，并处罚金人民币三十万元；判处被告人潘某峰有期徒刑三年，并处罚金人民币六万元；判处被告人汝某有期徒刑一年六个月，并处罚金人民币五万元；判处被告人汝某有期徒刑一年三个月，并处罚金人民币三万元；判处被告人潘某凤、徐某各有期徒刑十个月，缓刑一年，并处罚金人民币一万元；判处被告人唐某、李某各有期徒刑六个月，缓刑一年，并处罚金人民币一万元；判处被告人罗卫杰拘役六个月，缓刑十个月，并处罚金人民币一万元；禁止被告人徐某、唐某、李某、罗某在缓刑考验期限内从事与排污相关的活动。

案例 4

云南省个旧市陈某保、陈某春非法经营罪

非法收购、处置危险废物进行营利活动，扰乱市场秩序，构成非法经营罪。

基本案情：

2017 年 8 月—2018 年 4 月，被告人陈某保、陈某春在未取得危险废物经营许可证的情况下，在个旧市鸡街镇黑神庙坡原华泰冶炼厂内租用场地，购买设备，以人民币 4 076 624 元的价格向王某非法收购废旧电瓶塑料外壳 565 吨，以 349 103 元的价格向陈某非法收购废旧电瓶塑料外壳 43 吨，并雇用多人对废旧电瓶塑料外壳进行粉碎，通过向他人出售废旧电瓶塑料外壳颗粒和铅头获利。

案发后，公安机关 2018 年 8 月 11 日在现场查获 OPPO R15 手机 1 部、轻型仓栅式货车 1 辆、A35 型杭州叉车 2 辆、东风自卸货车 1 辆、发电机 1 台、离心机 3 台、粉碎机 1 台、废旧电瓶塑料外壳颗粒 39.8 吨。

2018 年 8 月 8 日，云南省个旧市公安局民警在个旧市鸡街镇原华泰冶炼厂办公室内抓获陈某春。2018 年 8 月 14 日，广东省吴川市公安局民警接到群众报警电话后，在吴川市公安局出入境大厅里，抓获涉嫌网上在逃的人员陈某保。

法院审理：

（一）云南省个旧市人民法院一审

云南省个旧市人民法院一审认为，被告人陈某保、陈某春违反《固体废物污染环境防治法》和《危险废物经营许可证管理办法》，在未取得危险废物经营许可证的情况下，处置危险废物废旧电瓶外壳进行营利活动，扰乱市场秩序，情节严重，符合非法经营罪的犯罪构成，被告人陈某保、陈某春行为已构成非法经营罪。对被告人陈某保、陈某春应以非法经营罪定罪处罚。

废旧电瓶，属于《国家危险废物名录》HW49 废物类别，废物代码为 900-044-49，系危险废物。根据国务院颁布的《危险废物经营许可证管理办法》第二条、第十五条、第三十一条的规定，在中华人民共和国境内从事危险废物收集、贮存、处置经营活动的单位，应当领取危险废物经营许可证。禁止无经营许可证或者不按照经营许可证规定从事危险废物收集、贮存、处置经营活动。

依照《中华人民共和国刑法》第二百二十五条第（一）项、第二十五条第一款、第六十七条第三款、第五十二条、第五十三条、第六十四条之规定，云南省个旧市人民法院判处被告人陈某保犯非法经营罪，判处有期徒刑四年，并处罚金 50 000 元；判处被告人陈某春犯非法经营罪，判处有期徒刑四年，并处罚金 50 000 元。个旧市公安局扣押的废旧电瓶塑料外壳颗粒 39.8 吨，作案工具 OPPO R15 手机 1 部、轻型仓栅式货车 1 辆、A35 型杭州叉车 2 辆、东风自卸货车 1 辆、发电机 1 台、离心机 3 台、粉碎机 1 台，全部予以没收。

被告人陈某宝不服判决，向云南省红河哈尼族彝族自治州中级人民法院提出上诉。

（二）云南省红河哈尼族彝族自治州中级人民法院二审

云南省红河哈尼族彝族自治州中级人民法院二审认为，一审认定事实清楚，证据确实、充分，定罪准确，量刑适当，审判程序合法。上诉人陈某保和原审被告人陈某春违反国家规定，未办理危险废物经营许可证，共同非法收购、处置危险废物废旧电瓶外壳进行营利活动，情节严重，依法应当以非法经营罪追究二人的刑事责任。

对于陈某保上诉及其辩护人辩护提出的，陈某保未参与废旧电瓶的拆解，只是购买废旧电瓶塑料外壳进行加工变卖，废旧电瓶塑料外壳不是危险废物，不属于法律、行政法规规定的专营、专卖和限制买卖的物品，与查明的本案事实、在卷证据和法律规定不符，本院不予采纳。

裁判结果：

2020 年 3 月 2 日，云南省红河哈尼族彝族自治州中级人民法院裁定：依照《中华人民共和国刑事诉讼法》第二百三十六条第一款第（一）项之规定，驳回上诉，维持原判，即判处被告人陈某保犯非法经营罪，判处有期徒刑四年，并处罚金 50 000 元；判处被告人陈某春犯非法经营罪，判处有期徒刑四年，并处罚金 50 000 元。个旧市公安局扣押的废旧电瓶塑料外壳颗粒 39.8 吨，作案工具 OPPO R15 手机 1 部、轻型仓栅式货车 1 辆、A35 型杭州叉车 2 辆、东风自卸货车 1 辆、发电机 1 台、离心机 3 台、粉碎机 1 台，全部予以没收。

本裁定为终审裁定。

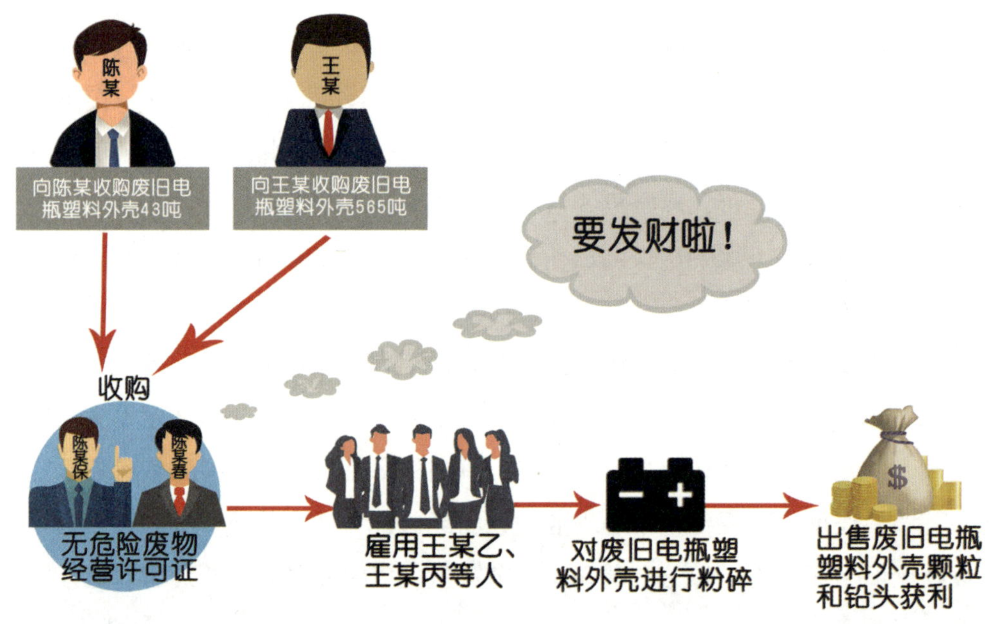

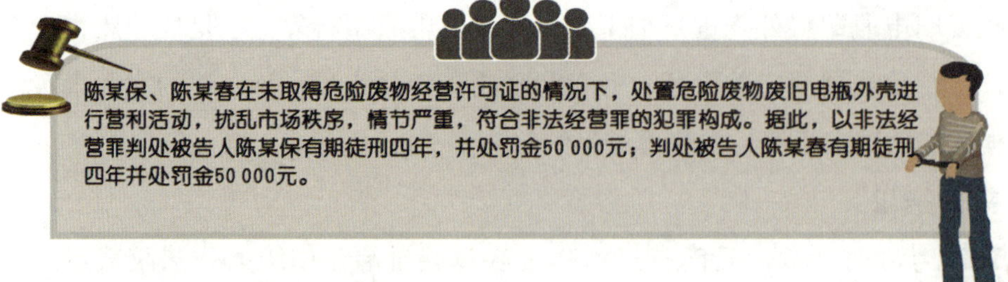

案例 5

广东省广州市林某泽污染环境罪

非法倾倒含重金属的塑料废渣，构成污染环境罪。

基本案情：

李某彬需要一批塑料废渣作为其生产加工建筑模板的原材料，于 2018 年 6 月 29 日租用了广州市增城区朱村街横塱村工业二路 89 号（旧广州市立威铝业有限公司）西边的一块空地，并联系被告人林某泽寻找塑料废渣货源和联络运输车辆运输。

2018 年 7 月中旬以来，被告人林某泽为牟取塑料废渣垃圾的处理费差额利益，经与李某彬商量策划，由林某泽负责寻找塑料废渣货源并联络运输车辆运输到上述空地，并按约 90 元每吨的价格支付给李某彬垃圾处理费。

后被告人林某泽从吴某 1、曹某、吴某 2 等人处寻得塑料废渣货源并收取高额垃圾处理费，随之组织运输车辆，从东莞市中堂镇双洲纸厂附近江边一仓库，共运送约 160 车上述塑料废渣至李某彬租用的广州市增城区朱村街横塱村工业二路 89 号西边的空地倾倒堆放。

2018 年 8 月 6 日，广州市增城区环境保护局、广州市公安局增城区分局等部门组成的联合执法组发现本案污染环境的事实，案发现场查获共计堆放固体废物总量约 22 007.4 米^3（含现场查获车辆未卸载部分）。

经广东省环境科学研究院鉴定评估，该固体废物属于“含重金属的污染物”，属于“有毒物质”，环境污染损害数额总计为人民币 13 224 292 元（生态环境恢复工程措施费用人民币 12 764 292 元、事务性费用人民币 460 000 元）。

被告人林某泽经办理网上追逃后于 2019 年 4 月 20 日 13 时在深圳市罗湖区金

光华广场被抓获归案。

法院审理：

（一）广州市增城区人民法院一审

广州市增城区人民法院一审认为，被告人林某泽无视国家法律，违反国家规定，非法倾倒有毒物质，严重污染环境，后果特别严重，其行为已构成污染环境罪。并且被告人林某泽曾因故意犯罪被判处有期徒刑以上刑罚，刑罚执行完毕后五年内再犯应当判处有期徒刑以上刑罚之罪，是累犯，应当从重处罚。被告人林某泽对参与污染环境的行为予以供认，可酌情从轻处罚。

依照《中华人民共和国刑法》第三百三十八条、第五十二条、第五十三条、第六十五条第一款，《最高人民法院、最高人民检察院关于办理环境污染刑事案件适用法律若干问题的解释》第三条第（五）项、第十五条，《最高人民法院关于适用财产刑若干问题的规定》第二条、第五条之规定，广州市增城区人民法院判决被告人林某泽犯污染环境罪，判处有期徒刑三年三个月，并处罚金人民币两万元。

被告人林某泽不服判决，向广东省广州市中级人民法院提出上诉。

（二）广州市中级人民法院二审

原审认定现场堆放的固体废物共计约 22 007.4 米^3（按 0.6 吨／米^3，每车 40 吨装重计），上述固体废物共计约为 330 车次，现有证据不足以认定全部是林某泽等人的运输行为造成的，按疑点利益归被告的原则，可酌情从轻处罚。即便按上诉人林某泽自供的自己参与运输 160 车次计算，也超过了非法倾倒有毒危险废物一百吨以上或经济损失超过 100 万元以上的“情节特别严重”的量刑标准。

对于上诉人林某泽及其辩护人提出的涉案货源不是林某泽主动联系的，涉案废物处理是如何收取的林某泽不知情，林某泽除获取每车运输费外没有获得其他好处，林某泽的行为起次要作用，是从犯的辩护意见。经查，上诉人林某泽并非是有毒固体废物的货主，货源也不是其主动联系的，涉案废物处理费是多少林某泽并不知情，每车运费也不是林某泽决定的，其除收取每车运输费外没有赚取中间差价，非法倾倒的场地是由同案人李某彬主动提供的。综上，可认定上诉人林我需要一批塑料废渣作为生产加工建筑模板的原材料。

没问题，我负责寻找货源和联络车辆运输包您满意！

李某彬

林某泽

经商量策划，林某泽牟取塑料废渣垃圾的处理费差额利益，按约90元每吨的价格支付给李某彬垃圾处理费

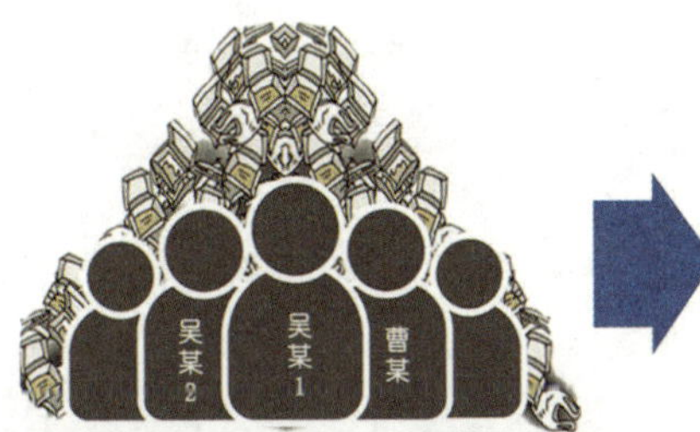

林某从吴某1、曹某、吴某2等人处寻得塑料废渣货源并收取高额垃圾处理费

横塱村工业二路80号西边的空地倾倒堆放

堆放固体废物总量约有22007.4立方米

林某泽无视国家法律，违反国家规定，非法倾倒有毒物质，严重污染环境，后果特别严重，其行为已构成污染环境罪。据此，以污染环境罪判处被告人林某泽有期徒刑二年六个月，并处罚金人民币两万元。

某泽在共同犯罪中起次要作用，系从犯，依法可减轻处罚。

因此，原审判决认定基本事实清楚，证据确实充分，罪名成立，审判程序合法，唯量刑不当，予以改判。

裁判结果：

2020年5月7日，广州市中级人民法院二审判决：

一、维持广州市增城区人民法院（2019）粤0118刑初1361号刑事判决的定罪和罚金部分，即被告人林某泽犯污染环境罪及并处罚金人民币两万元。

二、撤销广州市增城区人民法院（2019）粤0118刑初1361号刑事判决的量刑部分，即判处有期徒刑三年三个月。

三、上诉人林某泽犯污染环境罪，判处有期徒刑二年六个月。本判决为终审判决。

案例 6

江苏省南京市陈某富污染环境罪

有毒物质交由无危险废物处置资质人员焚烧，构成污染环境罪。

基本案情：

2017 年 10 月中旬，被告人陈某富在明知陈某德（已判刑）等人无危险废物经营许可证，且焚烧废电路板及混合物会污染环境的情况下，为牟取利益，将收集的废电路板及混合物 70 吨委托陈某德等人通过冶炼炉焚烧提炼金属。

陈某德在未采取污染防治措施的情况下，对陈某富的废电路板及混合物进行焚烧冶炼，并收到加工费 9 万余元，焚烧过程中产生的废气和废渣直接排放至大气和土壤，严重污染环境。

经徐州市铜山区环保局认定，废弃电路板及混合物是危险废物，危险废物代码 900—045—49，危险特性为毒性；废弃电路板焚烧后产生的废渣是危险废物，危险废物代码 772—003—18，危险特性为毒性。

2018 年 5 月 24 日，在得知陈某德被抓后，被告人陈某富主动到公安机关投案，并如实供述了犯罪事实。同年 5 月 28 日，被告人陈某富退缴赃款人民币 10 万元。

法院审理：

（一）徐州铁路运输法院一审

徐州铁路运输法院一审认为，被告人陈某富违反国家规定，将有毒物质交由无危险废物处置资质的人员焚烧，并将生产过程中产生的废气及同系危险废物的废渣排放至大气和土壤，严重污染环境，其行为已构成污染环境罪。

被告人陈某富为陈某德同案犯，在共同犯罪中所起的作用相对较小，对危害结果的发生起次要作用，系从犯，依法应从轻处罚；其案发后主动投案，并如实供述自己的罪行，系自首，且积极退缴赃款，依法可从轻处罚。

依照《中华人民共和国刑法》第三百三十八条、第二十五条第一款、第二十七条、第五十二条、第六十七条第一款和《最高人民法院 最高人民检察院关于办理环境污染刑事案件适用法律若干问题的解释》第一条第二项、第十五条、第十六条以及《最高人民法院关于适用财产刑若干问题的规定》第二条第一款之规定，徐州铁路运输法院判处被告人陈某富有期徒刑一年三个月，并处罚金人民币三万元；被告人陈某富犯罪所得赃款人民币十万元，由扣押机关徐州市铜山区公安局上缴国库。

被告人陈某富不服判决，向南京市中级人民法院提出上诉。

（二）南京市中级人民法院二审

陈某富的上诉理由和辩护人的辩护意见为，陈某富具有自首、坦白情节，系从犯，已全额退还违法所得，并在一审判决后主动缴纳罚金，上诉人自愿认罪悔罪，原审判决量刑过重，请求依法从轻或减轻处罚并适用缓刑。

南京市中级人民法院二审认为，上诉人陈某富违反国家规定，将有毒物质交由无危险废物处置资质的人员焚烧，并将生产过程中产生的废气及同系危险废物的废渣排放至大气和土壤，严重污染环境，其行为已构成污染环境罪。原审判决认定事实清楚，证据确实、充分，定性准确，审判程序合法。

关于上诉人和辩护人提出的上诉理由和辩护意见，经查，一审量刑时已充分考虑陈某富自首、从犯、主动认罪认罚、积极退还违法所得等情节，在法定量刑幅度内，对其判处有期徒刑一年三个月，量刑并无不当。

鉴于二审期间上诉人陈某富家属已代其全额缴纳生态环境治理修复费用，且陈某富并无污染环境的前科劣迹及其他不宜宣告缓刑的情形，因此根据陈某富的犯罪具体情节、认罪悔罪表现和浙江省温岭市司法局的评估意见，可以对其宣告缓刑。

裁判结果：

2019 年 12 月 27 日，南京市中级人民法院二审判决：

一、撤销徐州铁路运输法院（2019）苏 8601 刑初 86 号刑事判决。

二、上诉人陈某富犯污染环境罪，判处有期徒刑一年三个月，缓刑二年，并处罚金人民币三万元。

本判决为终审判决。

第四部分

配套法规和文件

危险废物经营许可证管理办法

（2004 年 5 月 30 日中华人民共和国国务院令第 408 号公布
根据 2013 年 12 月 7 日《国务院关于修改部分行政法规的决定》第一次修订
根据 2016 年 2 月 6 日《国务院关于修改部分行政法规的决定》第二次修订）

第一章　总　则

第一条　为了加强对危险废物收集、贮存和处置经营活动的监督管理，防治危险废物污染环境，根据《中华人民共和国固体废物污染环境防治法》，制定本办法。

第二条　在中华人民共和国境内从事危险废物收集、贮存、处置经营活动的单位，应当依照本办法的规定，领取危险废物经营许可证。

第三条　危险废物经营许可证按照经营方式，分为危险废物收集、贮存、处置综合经营许可证和危险废物收集经营许可证。

领取危险废物综合经营许可证的单位，可以从事各类别危险废物的收集、贮存、处置经营活动；领取危险废物收集经营许可证的单位，只能从事机动车维修活动中产生的废矿物油和居民日常生活中产生的废镉镍电池的危险废物收集经营活动。

第四条　县级以上人民政府环境保护主管部门依照本办法的规定，负责危险废物经营许可证的审批颁发与监督管理工作。

第二章　申请领取危险废物经营许可证的条件

第五条　申请领取危险废物收集、贮存、处置综合经营许可证，应当具备下列条件：

（一）有 3 名以上环境工程专业或者相关专业中级以上职称，并有 3 年以上固体废物污染治理经历的技术人员；

（二）有符合国务院交通主管部门有关危险货物运输安全要求的运输工具；

（三）有符合国家或者地方环境保护标准和安全要求的包装工具，中转和临时存放设施、设备以及经验收合格的贮存设施、设备；

（四）有符合国家或者省、自治区、直辖市危险废物处置设施建设规划，符合国家或者地方环境保护标准和安全要求的处置设施、设备和配套的污染防治设施；其中，医疗废物集中处置设施，还应当符合国家有关医疗废物处置的卫生标准和要求；

（五）有与所经营的危险废物类别相适应的处置技术和工艺；

（六）有保证危险废物经营安全的规章制度、污染防治措施和事故应急救援措施；

（七）以填埋方式处置危险废物的，应当依法取得填埋场所的土地使用权。

第六条　申请领取危险废物收集经营许可证，应当具备下列条件：

（一）有防雨、防渗的运输工具；

（二）有符合国家或者地方环境保护标准和安全要求的包装工具，中转和临时存放设施、设备；

（三）有保证危险废物经营安全的规章制度、污染防治措施和事故应急救援措施。

第三章　申请领取危险废物经营许可证的程序

第七条　国家对危险废物经营许可证实行分级审批颁发。

医疗废物集中处置单位的危险废物经营许可证，由医疗废物集中处置设施所在地设区的市级人民政府环境保护主管部门审批颁发。

危险废物收集经营许可证，由县级人民政府环境保护主管部门审批颁发。

本条第二款、第三款规定之外的危险废物经营许可证，由省、自治区、直辖市人民政府环境保护主管部门审批颁发。

第八条　申请领取危险废物经营许可证的单位，应当在从事危险废物经营活动前向发证机关提出申请，并附具本办法第五条或者第六条规定条件的证明材料。

第九条 发证机关应当自受理申请之日起20个工作日内，对申请单位提交的证明材料进行审查，并对申请单位的经营设施进行现场核查。符合条件的，颁发危险废物经营许可证，并予以公告；不符合条件的，书面通知申请单位并说明理由。

发证机关在颁发危险废物经营许可证前，可以根据实际需要征求卫生、城乡规划等有关主管部门和专家的意见。

第十条 危险废物经营许可证包括下列主要内容：

（一）法人名称、法定代表人、住所；

（二）危险废物经营方式；

（三）危险废物类别；

（四）年经营规模；

（五）有效期限；

（六）发证日期和证书编号。

危险废物综合经营许可证的内容，还应当包括贮存、处置设施的地址。

第十一条 危险废物经营单位变更法人名称、法定代表人和住所的，应当自工商变更登记之日起15个工作日内，向原发证机关申请办理危险废物经营许可证变更手续。

第十二条 有下列情形之一的，危险废物经营单位应当按照原申请程序，重新申请领取危险废物经营许可证：

（一）改变危险废物经营方式的；

（二）增加危险废物类别的；

（三）新建或者改建、扩建原有危险废物经营设施的；

（四）经营危险废物超过原批准年经营规模20%以上的。

第十三条 危险废物综合经营许可证有效期为5年；危险废物收集经营许可证有效期为3年。

危险废物经营许可证有效期届满，危险废物经营单位继续从事危险废物经营活动的，应当于危险废物经营许可证有效期届满30个工作日前向原发证机关提出换证申请。原发证机关应当自受理换证申请之日起20个工作日内进行审查，符合条件的，予以换证；不符合条件的，书面通知申请单位并说明理由。

第十四条 危险废物经营单位终止从事收集、贮存、处置危险废物经营活动的，应当对经营设施、场所采取污染防治措施，并对未处置的危险废物作出妥善处理。

危险废物经营单位应当在采取前款规定措施之日起20个工作日内向原发证机关提出注销申请，由原发证机关进行现场核查合格后注销危险废物经营许可证。

第十五条 禁止无经营许可证或者不按照经营许可证规定从事危险废物收集、贮存、处置经营活动。

禁止从中华人民共和国境外进口或者经中华人民共和国过境转移电子类危险废物。

禁止将危险废物提供或者委托给无经营许可证的单位从事收集、贮存、处置经营活动。

禁止伪造、变造、转让危险废物经营许可证。

第四章 监督管理

第十六条 县级以上地方人民政府环境保护主管部门应当于每年3月31日前将上一年度危险废物经营许可证颁发情况报上一级人民政府环境保护主管部门备案。

上级环境保护主管部门应当加强对下级环境保护主管部门审批颁发危险废物经营许可证情况的监督检查，及时纠正下级环境保护主管部门审批颁发危险废物经营许可证过程中的违法行为。

第十七条 县级以上人民政府环境保护主管部门应当通过书面核查和实地检查等方式，加强对危险废物经营单位的监督检查，并将监督检查情况和处理结果予以记录，由监督检查人员签字后归档。

公众有权查阅县级以上人民政府环境保护主管部门的监督检查记录。

县级以上人民政府环境保护主管部门发现危险废物经营单位在经营活动中有不符合原发证条件的情形的，应当责令其限期整改。

第十八条 县级以上人民政府环境保护主管部门有权要求危险废物经营单位定期报告危险废物经营活动情况。危险废物经营单位应当建立危险废物经营情况记录簿，如实记载收集、贮存、处置危险废物的类别、来源、去向和有无事故等事项。

危险废物经营单位应当将危险废物经营情况记录簿保存10年以上，以填埋方式处置危险废物的经营情况记录簿应当永久保存。终止经营活动的，应当将危险废物经营情况记录簿移交所在地县级以上地方人民政府环境保护主管部门存档管理。

第十九条 县级以上人民政府环境保护主管部门应当建立、健全危险废物经营许可证的档案管理制度，并定期向社会公布审批颁发危险废物经营许可证的情况。

第二十条 领取危险废物收集经营许可证的单位，应当与处置单位签订接收合同，并将收集的废矿物油和废镉镍电池在90个工作日内提供或者委托给处置单位进行处置。

第二十一条 危险废物的经营设施在废弃或者改作其他用途前，应当进行无害化处理。

填埋危险废物的经营设施服役期届满后，危险废物经营单位应当按照有关规定对填埋过危险废物的土地采取封闭措施，并在划定的封闭区域设置永久性标记。

第五章 法律责任

第二十二条 违反本办法第十一条规定的，由县级以上地方人民政府环境保护主管部门责令限期改正，给予警告；逾期不改正的，由原发证机关暂扣危险废物经营许可证。

第二十三条 违反本办法第十二条、第十三条第二款规定的，由县级以上地方人民政府环境保护主管部门责令停止违法行为；有违法所得的，没收违法所得；违法所得超过10万元的，并处违法所得1倍以上2倍以下的罚款；没有违法所得或者违法所得不足10万元的，处5万元以上10万元以下的罚款。

第二十四条 违反本办法第十四条第一款、第二十一条规定的，由县级以上地方人民政府环境保护主管部门责令限期改正；逾期不改正的，处5万元以上10万元以下的罚款；造成污染事故，构成犯罪的，依法追究刑事责任。

第二十五条 违反本办法第十五条第一款、第二款、第三款规定的，依照《中华人民共和国固体废物污染环境防治法》的规定予以处罚。

违反本办法第十五条第四款规定的，由县级以上地方人民政府环境保护主管部门收缴危险废物经营许可证或者由原发证机关吊销危险废物经营许可证，并处5万元以上10万元以下的罚款；构成犯罪的，依法追究刑事责任。

第二十六条 违反本办法第十八条规定的，由县级以上地方人民政府环境保护主管部门责令限期改正，给予警告；逾期不改正的，由原发证机关暂扣或者吊销危险废物经营许可证。

第二十七条 违反本办法第二十条规定的，由县级以上地方人民政府环境保护主管部门责令限期改正，给予警告；逾期不改正的，处1万元以上5万元以下的罚款，并可以由原发证机关暂扣或者吊销危险废物经营许可证。

第二十八条 危险废物经营单位被责令限期整改，逾期不整改或者经整改仍不符合原发证条件的，由原发证机关暂扣或者吊销危险废物经营许可证。

第二十九条 被依法吊销或者收缴危险废物经营许可证的单位，5年内不得再申请领取危险废物经营许可证。

第三十条 县级以上人民政府环境保护主管部门的工作人员，有下列行为之一的，依法给予行政处分；构成犯罪的，依法追究刑事责任：

（一）向不符合本办法规定条件的单位颁发危险废物经营许可证的；

（二）发现未依法取得危险废物经营许可证的单位和个人擅自从事危险废物经营活动不予查处或者接到举报后不依法处理的；

（三）对依法取得危险废物经营许可证的单位不履行监督管理职责或者发现违反本办法规定的行为不予查处的；

（四）在危险废物经营许可证管理工作中有其他渎职行为的。

第六章　附　则

第三十一条　本办法下列用语的含义：

（一）危险废物，是指列入国家危险废物名录或者根据国家规定的危险废物鉴别标准和鉴别方法认定的具有危险性的废物。

（二）收集，是指危险废物经营单位将分散的危险废物进行集中的活动。

（三）贮存，是指危险废物经营单位在危险废物处置前，将其放置在符合环境保护标准的场所或者设施中，以及为了将分散的危险废物进行集中，在自备的临时设施或者场所每批置放重量超过 5000 千克或者置放时间超过 90 个工作日的活动。

（四）处置，是指危险废物经营单位将危险废物焚烧、煅烧、熔融、烧结、裂解、中和、消毒、蒸馏、萃取、沉淀、过滤、拆解以及用其他改变危险废物物理、化学、生物特性的方法，达到减少危险废物数量、缩小危险废物体积、减少或者消除其危险成分的活动，或者将危险废物最终置于符合环境保护规定要求的场所或者设施并不再回取的活动。

第三十二条　本办法施行前，依照地方性法规、规章或者其他文件的规定已经取得危险废物经营许可证的单位，应当在原危险废物经营许可证有效期届满 30 个工作日前，依照本办法的规定重新申请领取危险废物经营许可证。逾期不办理的，不得继续从事危险废物经营活动。

第三十三条　本办法自 2004 年 7 月 1 日起施行。

医疗废物管理条例

（2003 年 6 月 4 日国务院第 10 次常务会议通过　根据 2010 年 12 月 29 日国务院第 138 次常务会议通过的《国务院关于废止和修改部分行政法规的决定》修正）

第一章　总　则

第一条　为了加强医疗废物的安全管理，防止疾病传播，保护环境，保障人体健康，根据《中华人民共和国传染病防治法》和《中华人民共和国固体废物污染环境防治法》，制定本条例。

第二条　本条例所称医疗废物，是指医疗卫生机构在医疗、预防、保健以及其他相关活动中产生的具有直接或者间接感染性、毒性以及其他危害性的废物。

医疗废物分类目录，由国务院卫生行政主管部门和环境保护行政主管部门共同制定、公布。

第三条　本条例适用于医疗废物的收集、运送、贮存、处置以及监督管理等活动。医疗卫生机构收治的传染病病人或者疑似传染病病人产生的生活垃圾，按照医疗废物进行管理和处置。医疗卫生机构废弃的麻醉、精神、放射性、毒性等药品及其相关的废物的管理，依照有关法律、行政法规和国家有关规定、标准执行。

第四条　国家推行医疗废物集中无害化处置，鼓励有关医疗废物安全处置技术的研究与开发。县级以上地方人民政府负责组织建设医疗废物集中处置设施。国家对边远贫困地区建设医疗废物集中处置设施给予适当的支持。

第五条　县级以上各级人民政府卫生行政主管部门，对医疗废物收集、运送、贮存、处置活动中的疾病防治工作实施统一监督管理；环境保护行政主管部门，对医疗废物收集、运送、贮存、处置活动中的环境污染防治工作实施统一监督管理。县级以上各级人民政府其他有关部门在各自的职责范围内负责与医疗废物处置有关的监督管理工作。

第六条 任何单位和个人有权对医疗卫生机构、医疗废物集中处置单位和监督管理部门及其工作人员的违法行为进行举报、投诉、检举和控告。

第二章 医疗废物管理的一般规定

第七条 医疗卫生机构和医疗废物集中处置单位，应当建立、健全医疗废物管理责任制，其法定代表人为第一责任人，切实履行职责，防止因医疗废物导致传染病传播和环境污染事故。

第八条 医疗卫生机构和医疗废物集中处置单位，应当制定与医疗废物安全处置有关的规章制度和在发生意外事故时的应急方案；设置监控部门或者专（兼）职人员，负责检查、督促、落实本单位医疗废物的管理工作，防止违反本条例的行为发生。

第九条 医疗卫生机构和医疗废物集中处置单位，应当对本单位从事医疗废物收集、运送、贮存、处置等工作的人员和管理人员，进行相关法律和专业技术、安全防护以及紧急处理等知识的培训。

第十条 医疗卫生机构和医疗废物集中处置单位，应当采取有效的职业卫生防护措施，为从事医疗废物收集、运送、贮存、处置等工作的人员和管理人员，配备必要的防护用品，定期进行健康检查；必要时，对有关人员进行免疫接种，防止其受到健康损害。

第十一条 医疗卫生机构和医疗废物集中处置单位，应当依照《中华人民共和国固体废物污染环境防治法》的规定，执行危险废物转移联单管理制度。

第十二条 医疗卫生机构和医疗废物集中处置单位，应当对医疗废物进行登记，登记内容应当包括医疗废物的来源、种类、重量或者数量、交接时间、处置方法、最终去向以及经办人签名等项目。登记资料至少保存 3 年。

第十三条 医疗卫生机构和医疗废物集中处置单位，应当采取有效措施，防止医疗废物流失、泄漏、扩散。发生医疗废物流失、泄漏、扩散时，医疗卫生机构和医疗废物集中处置单位应当采取减少危害的紧急处理措施，对致病人员提供医疗救护和现场救援；同时向所在地的县级人民政府卫生行政主管部门、环境保护行政主管部门报告，并向可能受到危害的单位和居民通报。

第十四条 禁止任何单位和个人转让、买卖医疗废物。禁止在运送过程中丢弃医疗废物；禁止在非贮存地点倾倒、堆放医疗废物或者将医疗废物混入其他废物和生活垃圾。

第十五条 禁止邮寄医疗废物。禁止通过铁路、航空运输医疗废物。有陆路通道的，禁止通过水路运输医疗废物；没有陆路通道必需经水路运输医疗废物的，应当经设区的市级以上人民政府环境保护行政主管部门批准，并采取严格的环境保护措施后，方可通过水路运输。禁止将医疗废物与旅客在同一运输工具上载运。禁止在饮用水源保护区的水体上运输医疗废物。

第三章 医疗卫生机构对医疗废物的管理

第十六条 医疗卫生机构应当及时收集本单位产生的医疗废物，并按照类别分置于防渗漏、防锐器穿透的专用包装物或者密闭的容器内。医疗废物专用包装物、容器，应当有明显的警示标识和警示说明。医疗废物专用包装物、容器的标准和警示标识的规定，由国务院卫生行政主管部门和环境保护行政主管部门共同制定。

第十七条 医疗卫生机构应当建立医疗废物的暂时贮存设施、设备，不得露天存放医疗废物；医疗废物暂时贮存的时间不得超过 2 天。医疗废物的暂时贮存设施、设备，应当远离医疗区、食品加工区和人员活动区以及生活垃圾存放场所，并设置明显的警示标识和防渗漏、防鼠、防蚊蝇、防蟑螂、防盗以及预防儿童接触等安全措施。医疗废物的暂时贮存设施、设备应当定期消毒和清洁。

第十八条 医疗卫生机构应当使用防渗漏、防遗撒的专用运送工具，按照本单位确定的内部医疗废物运送时间、路线，将医疗废物收集、运送至暂时贮存地点。运送工具使用后应当在医疗卫生机构内指定的地点及时消毒和清洁。

第十九条 医疗卫生机构应当根据就近集中处置的原则，及时将医疗废物交由医疗废物集中处置单位处置。医疗废物中病原体的培养基、标本和菌种、毒种保存液等高危险废物，在交医疗废物集中处置单位处置前应当就地消毒。

第二十条 医疗卫生机构产生的污水、传染病病人或者疑似传染病病人的排泄物，应当按照国家规定严格消毒；达到国家规定的排放标准后，方可排入污水处理系统。

第二十一条 不具备集中处置医疗废物条件的农村，医疗卫生机构应当按照县级人民政府卫生行政主管部门、环境保护行政主管部门的要求，自行就地处置其产生的医疗废物。自行处置医疗废物的，应当符合下列基本要求：（一）使用后的一次性医疗器具和容易致人损伤的医疗废物，应当消毒并作毁形处理；（二）能够焚烧的，应当及时焚烧；（三）不能焚烧的，消毒后集中填埋。

第四章 医疗废物的集中处置

第二十二条 从事医疗废物集中处置活动的单位，应当向县级以上人民政府环境保护行政主管部门申请领取经营许可证；未取得经营许可证的单位，不得从事有关医疗废物集中处置的活动。

第二十三条 医疗废物集中处置单位，应当符合下列条件：

（一）具有符合环境保护和卫生要求的医疗废物贮存、处置设施或者设备；

（二）具有经过培训的技术人员以及相应的技术工人；

（三）具有负责医疗废物处置效果检测、评价工作的机构和人员；

（四）具有保证医疗废物安全处置的规章制度。

第二十四条 医疗废物集中处置单位的贮存、处置设施，应当远离居（村）民居住区、水源保护区和交通干道，与工厂、企业等工作场所有适当的安全防护距离，并符合国务院环境保护行政主管部门的规定。

第二十五条 医疗废物集中处置单位应当至少每 2 天到医疗卫生机构收集、运送一次医疗废物，并负责医疗废物的贮存、处置。

第二十六条 医疗废物集中处置单位运送医疗废物，应当遵守国家有关危险货物运输管理的规定，使用有明显医疗废物标识的专用车辆。医疗废物专用车辆应当达到防渗漏、防遗撒以及其他环境保护和卫生要求。运送医疗废物的专用车辆使用后，应当在医疗废物集中处置场所内及时进行消毒和清洁。运送医疗废物的专用车辆不得运送其他物品。

第二十七条 医疗废物集中处置单位在运送医疗废物过程中应当确保安全，不得丢弃、遗撒医疗废物。

第二十八条 医疗废物集中处置单位应当安装污染物排放在线监控装置，并确保监控装置经常处于正常运行状态。

第二十九条 医疗废物集中处置单位处置医疗废物，应当符合国家规定的环境保护、卫生标准、规范。

第三十条 医疗废物集中处置单位应当按照环境保护行政主管部门和卫生行政主管部门的规定，定期对医疗废物处置设施的环境污染防治和卫生学效果进行检测、评价。检测、评价结果存入医疗废物集中处置单位档案，每半年向所在地环境保护行政主管部门和卫生行政主管部门报告一次。

第三十一条 医疗废物集中处置单位处置医疗废物，按照国家有关规定向医疗卫生机构收取医疗废物处置费用。医疗卫生机构按照规定支付的医疗废物处置费用，可以纳入医疗成本。

第三十二条 各地区应当利用和改造现有固体废物处置设施和其他设施，对医疗废物集中处置，并达到基本的环境保护和卫生要求。

第三十三条 尚无集中处置设施或者处置能力不足的城市，自本条例施行之日起，设区的市级以上城市应当在 1 年内建成医疗废物集中处置设施；县级市应当在 2 年内建成医疗废物集中处置设施。县（旗）医疗废物集中处置设施的建设，由省、自治区、直辖市人民政府规定。在尚未建成医疗废物集中处置设施期间，有关地方人民政府应当组织制定符合环境保护和卫生要求的医疗废物过渡性处置方案，确定医疗废物收集、运送、处置方式和处置单位。

第五章 监督管理

第三十四条 县级以上地方人民政府卫生行政主管部门、环境保护行政主管部门，应当依照本条例的规定，按照职责分工，对医疗卫生机构和医疗废物集中处置单位进行监督检查。

第三十五条 县级以上地方人民政府卫生行政主管部门，应当对医疗卫生机构和医疗废物集中处置单位从事医疗废物的收集、运送、贮存、处置中的疾病防治工作，以及工作人员的卫生防护等情况进行定期监督检查或者不定期的抽查。

第三十六条 县级以上地方人民政府环境保护行政主管部门，应当对医疗卫生机构和医疗废物集中处置单位从事医疗废物收集、运送、贮存、处置中的环境污染防治工作进行定期监督检查或者不定期的抽查。

第三十七条 卫生行政主管部门、环境保护行政主管部门应当定期交换监督检查和抽查结果。在监督检查或者抽查中发现医疗卫生机构和医疗废物集中处置单位存在隐患时，应当责令立即消除隐患。

第三十八条 卫生行政主管部门、环境保护行政主管部门接到对医疗卫生机构、医疗废物集中处置单位和监督管理部门及其工作人员违反本条例行为的举报、投诉、检举和控告后，应当及时核实，依法作出处理，并将处理结果予以公布。

第三十九条 卫生行政主管部门、环境保护行政主管部门履行监督检查职责时，有权采取下列措施：

（一）对有关单位进行实地检查，了解情况，现场监测，调查取证；

（二）查阅或者复制医疗废物管理的有关资料，采集样品；

（三）责令违反本条例规定的单位和个人停止违法行为；

（四）查封或者暂扣涉嫌违反本条例规定的场所、设备、运输工具和物品；

（五）对违反本条例规定的行为进行查处。

第四十条 发生因医疗废物管理不当导致传染病传播或者环境污染事故，或者有证据证明传染病传播或者环境污染的事故有可能发生时，卫生行政主管部门、环境保护行政主管部门应当采取临时控制措施，疏散人员，控制现场，并根据需要责令暂停导致或者可能导致传染病传播或者环境污染事故的作业。

第四十一条 医疗卫生机构和医疗废物集中处置单位，对有关部门的检查、监测、调查取证，应当予以配合，不得拒绝和阻碍，不得提供虚假材料。

第六章 法律责任

第四十二条 县级以上地方人民政府未依照本条例的规定，组织建设医疗废物集中处置设施或者组织制定医疗废物过渡性处置方案的，由上级人民政府通报批评，责令限期建成医疗废物集中处置设施或者组织制定医疗废物过渡性处置方案；并可以对政府主要领导人、负有责任的主管人员，依法给予行政处分。

第四十三条 县级以上各级人民政府卫生行政主管部门、环境保护行政主管部门或者其他有关部门，未按照本条例的规定履行监督检查职责，发现医疗卫生机构和医疗废物集中处置单位的违法行为不及时处理，发生或者可能发生传染病传播或者环境污染事故时未及时采取减少危害措施，以及有其他玩忽职守、失职、渎职行为的，由本级人民政府或者上级人民政府有关部门责令改正，通报批评；造成传染病传播或者环境污染事故的，对主要负责人、负有责任的主管人员和其他直接责任人员依法给予降级、撤职、开除的行政处分；构成犯罪的，依法追究刑事责任。

第四十四条 县级以上人民政府环境保护行政主管部门，违反本条例的规定发给医疗废物集中处置单位经营许可证的，由本级人民政府或者上级人民政府环境保护行政主管部门通报批评，责令收回违法发给的证书；并可以对主要负责人、负有责任的主管人员和其他直接责任人员依法给予行政处分。

第四十五条 医疗卫生机构、医疗废物集中处置单位违反本条例规定，有下列情形之一的，由县级以上地方人民政府卫生行政主管部门或者环境保护行政主管部门按照各自的职责责令限期改正，给予警告；逾期不改正的，处 2000 元以上 5000 元以下的罚款：

（一）未建立、健全医疗废物管理制度，或者未设置监控部门或者专（兼）职人员的；

（二）未对有关人员进行相关法律和专业技术、安全防护以及紧急处理等知识的培训的；

（三）未对从事医疗废物收集、运送、贮存、处置等工作的人员和管理人员采取职业卫生防护措施的；

（四）未对医疗废物进行登记或者未保存登记资料的；

（五）对使用后的医疗废物运送工具或者运送车辆未在指定地点及时进行消毒和清洁的；

（六）未及时收集、运送医疗废物的；

（七）未定期对医疗废物处置设施的环境污染防治和卫生学效果进行检测、评价，或者未将检测、评价效果存档、报告的。

第四十六条 医疗卫生机构、医疗废物集中处置单位违反本条例规定，有下列情形之一的，由县级以上地方人民政府卫生行政主管部门或者环境保护行政主管部门按照各自的职责责令限期改正，给予警告，可以并处5000元以下的罚款；逾期不改正的，处5000元以上3万元以下的罚款：

（一）贮存设施或者设备不符合环境保护、卫生要求的；

（二）未将医疗废物按照类别分置于专用包装物或者容器的；

（三）未使用符合标准的专用车辆运送医疗废物或者使用运送医疗废物的车辆运送其他物品的；

（四）未安装污染物排放在线监控装置或者监控装置未经常处于正常运行状态的。

第四十七条 医疗卫生机构、医疗废物集中处置单位有下列情形之一的，由县级以上地方人民政府卫生行政主管部门或者环境保护行政主管部门按照各自的职责责令限期改正，给予警告，并处5000元以上1万元以下的罚款；逾期不改正的，处1万元以上3万元以下的罚款；造成传染病传播或者环境污染事故的，由原发证部门暂扣或者吊销执业许可证件或者经营许可证件；构成犯罪的，依法追究刑事责任：

（一）在运送过程中丢弃医疗废物，在非贮存地点倾倒、堆放医疗废物或者将医疗废物混入其他废物和生活垃圾的；

（二）未执行危险废物转移联单管理制度的；

（三）将医疗废物交给未取得经营许可证的单位或者个人收集、运送、贮存、处置的；

（四）对医疗废物的处置不符合国家规定的环境保护、卫生标准、规范的；

（五）未按照本条例的规定对污水、传染病病人或者疑似传染病病人的排泄物，进行严格消毒，或者未达到国家规定的排放标准，排入污水处理系统的；

（六）对收治的传染病病人或者疑似传染病病人产生的生活垃圾，未按照医疗废物进行管理和处置的。

第四十八条 医疗卫生机构违反本条例规定，将未达到国家规定标准的污水、传染病病人或者疑似传染病病人的排泄物排入城市排水管网的，由县级以上地方人民政府建设行政主管部门责令限期改正，给予警告，并处 5000 元以上 1 万元以下的罚款；逾期不改正的，处 1 万元以上 3 万元以下的罚款；造成传染病传播或者环境污染事故的，由原发证部门暂扣或者吊销执业许可证件；构成犯罪的，依法追究刑事责任。

第四十九条 医疗卫生机构、医疗废物集中处置单位发生医疗废物流失、泄漏、扩散时，未采取紧急处理措施，或者未及时向卫生行政主管部门和环境保护行政主管部门报告的，由县级以上地方人民政府卫生行政主管部门或者环境保护行政主管部门按照各自的职责责令改正，给予警告，并处 1 万元以上 3 万元以下的罚款；造成传染病传播或者环境污染事故的，由原发证部门暂扣或者吊销执业许可证件或者经营许可证件；构成犯罪的，依法追究刑事责任。

第五十条 医疗卫生机构、医疗废物集中处置单位，无正当理由，阻碍卫生行政主管部门或者环境保护行政主管部门执法人员执行职务，拒绝执法人员进入现场，或者不配合执法部门的检查、监测、调查取证的，由县级以上地方人民政府卫生行政主管部门或者环境保护行政主管部门按照各自的职责责令改正，给予警告；拒不改正的，由原发证部门暂扣或者吊销执业许可证件或者经营许可证件；触犯《中华人民共和国治安管理处罚法》，构成违反治安管理行为的，由公安机关依法予以处罚；构成犯罪的，依法追究刑事责任。

第五十一条 不具备集中处置医疗废物条件的农村，医疗卫生机构未按照本条例的要求处置医疗废物的，由县级人民政府卫生行政主管部门或者环境保护行政主管部门按照各自的职责责令限期改正，给予警告；逾期不改正的，处 1000 元以上 5000 元以下的罚款；造成传染病传播或者环境污染事故的，由原发证部门暂扣或者吊销执业许可证件；构成犯罪的，依法追究刑事责任。

第五十二条 未取得经营许可证从事医疗废物的收集、运送、贮存、处置等活动的，由县级以上地方人民政府环境保护行政主管部门责令立即停止违法行为，没收违法所得，可以并处违法所得 1 倍以下的罚款。

第五十三条 转让、买卖医疗废物，邮寄或者通过铁路、航空运输医疗废物，或者违反本条例规定通过水路运输医疗废物的，由县级以上地方人民政府环境保护行政主管部门责令转让、买卖双方、邮寄人、托运人立即停止违法行为，给予警告，没收违法所得；违法所得 5000 元以上的，并处违法所得 2 倍以上 5 倍以下的罚款；没有违法所得或者违法所得不足 5000 元的，并处 5000 元以上 2 万元以下的罚款。承运人明知托运人违反本条例的规定运输医疗废物，仍予以运输的，或者承运人将医疗废物与旅客在同一工具上载运的，按照前款的规定予以处罚。

第五十四条 医疗卫生机构、医疗废物集中处置单位违反本条例规定，导致传染病传播或者发生环境污染事故，给他人造成损害的，依法承担民事赔偿责任。

第七章 附 则

第五十五条 计划生育技术服务、医学科研、教学、尸体检查和其他相关活动中产生的具有直接或者间接感染性、毒性以及其他危害性废物的管理，依照本条例执行。

第五十六条 军队医疗卫生机构医疗废物的管理由中国人民解放军卫生主管部门参照本条例制定管理办法。

第五十七条 本条例自公布之日起施行。

废弃电器电子产品回收处理管理条例

（2009 年 2 月 25 日中华人民共和国国务院令第 551 号公布　根据 2019 年 3 月 2 日《国务院关于修改部分行政法规的决定》修订）

第一章　总　则

第一条　为了规范废弃电器电子产品的回收处理活动，促进资源综合利用和循环经济发展，保护环境，保障人体健康，根据《中华人民共和国清洁生产促进法》和《中华人民共和国固体废物污染环境防治法》的有关规定，制定本条例。

第二条　本条例所称废弃电器电子产品的处理活动，是指将废弃电器电子产品进行拆解，从中提取物质作为原材料或者燃料，用改变废弃电器电子产品物理、化学特性的方法减少已产生的废弃电器电子产品数量，减少或者消除其危害成分，以及将其最终置于符合环境保护要求的填埋场的活动，不包括产品维修、翻新以及经维修、翻新后作为旧货再使用的活动。

第三条　列入《废弃电器电子产品处理目录》（以下简称《目录》）的废弃电器电子产品的回收处理及相关活动，适用本条例。

国务院资源综合利用主管部门会同国务院生态环境、工业信息产业等主管部门制订和调整《目录》，报国务院批准后实施。

第四条　国务院生态环境主管部门会同国务院资源综合利用、工业信息产业主管部门负责组织拟订废弃电器电子产品回收处理的政策措施并协调实施，负责废弃电器电子产品处理的监督管理工作。国务院商务主管部门负责废弃电器电子产品回收的管理工作。国务院财政、市场监督管理、税务、海关等主管部门在各自职责范围内负责相关管理工作。

第五条　国家对废弃电器电子产品实行多渠道回收和集中处理制度。

第六条 国家对废弃电器电子产品处理实行资格许可制度。设区的市级人民政府生态环境主管部门审批废弃电器电子产品处理企业(以下简称处理企业)资格。

第七条 国家建立废弃电器电子产品处理基金，用于废弃电器电子产品回收处理费用的补贴。电器电子产品生产者、进口电器电子产品的收货人或者其代理人应当按照规定履行废弃电器电子产品处理基金的缴纳义务。

废弃电器电子产品处理基金应当纳入预算管理，其征收、使用、管理的具体办法由国务院财政部门会同国务院生态环境、资源综合利用、工业信息产业主管部门制订，报国务院批准后施行。

制订废弃电器电子产品处理基金的征收标准和补贴标准，应当充分听取电器电子产品生产企业、处理企业、有关行业协会及专家的意见。

第八条 国家鼓励和支持废弃电器电子产品处理的科学研究、技术开发、相关技术标准的研究以及新技术、新工艺、新设备的示范、推广和应用。

第九条 属于国家禁止进口的废弃电器电子产品，不得进口。

第二章 相关方责任

第十条 电器电子产品生产者、进口电器电子产品的收货人或者其代理人生产、进口的电器电子产品应当符合国家有关电器电子产品污染控制的规定，采用有利于资源综合利用和无害化处理的设计方案，使用无毒无害或者低毒低害以及便于回收利用的材料。

电器电子产品上或者产品说明书中应当按照规定提供有关有毒有害物质含量、回收处理提示性说明等信息。

第十一条 国家鼓励电器电子产品生产者自行或者委托销售者、维修机构、售后服务机构、废弃电器电子产品回收经营者回收废弃电器电子产品。电器电子产品销售者、维修机构、售后服务机构应当在其营业场所显著位置标注废弃电器电子产品回收处理提示性信息。

回收的废弃电器电子产品应当由有废弃电器电子产品处理资格的处理企业处理。

第十二条 废弃电器电子产品回收经营者应当采取多种方式为电器电子产品使用者提供方便、快捷的回收服务。

废弃电器电子产品回收经营者对回收的废弃电器电子产品进行处理，应当依照本条例规定取得废弃电器电子产品处理资格；未取得处理资格的，应当将回收的废弃电器电子产品交有废弃电器电子产品处理资格的处理企业处理。

回收的电器电子产品经过修复后销售的，必须符合保障人体健康和人身、财产安全等国家技术规范的强制性要求，并在显著位置标识为旧货。具体管理办法由国务院商务主管部门制定。

第十三条 机关、团体、企事业单位将废弃电器电子产品交有废弃电器电子产品处理资格的处理企业处理的，依照国家有关规定办理资产核销手续。

处理涉及国家秘密的废弃电器电子产品，依照国家保密规定办理。

第十四条 国家鼓励处理企业与相关电器电子产品生产者、销售者以及废弃电器电子产品回收经营者等建立长期合作关系，回收处理废弃电器电子产品。

第十五条 处理废弃电器电子产品，应当符合国家有关资源综合利用、环境保护、劳动安全和保障人体健康的要求。

禁止采用国家明令淘汰的技术和工艺处理废弃电器电子产品。

第十六条 处理企业应当建立废弃电器电子产品处理的日常环境监测制度。

第十七条 处理企业应当建立废弃电器电子产品的数据信息管理系统，向所在地的设区的市级人民政府生态环境主管部门报送废弃电器电子产品处理的基本数据和有关情况。废弃电器电子产品处理的基本数据的保存期限不得少于3年。

第十八条 处理企业处理废弃电器电子产品，依照国家有关规定享受税收优惠。

第十九条 回收、储存、运输、处理废弃电器电子产品的单位和个人，应当遵守国家有关环境保护和环境卫生管理的规定。

第三章 监督管理

第二十条 国务院资源综合利用、市场监督管理、生态环境、工业信息产业等主管部门，依照规定的职责制定废弃电器电子产品处理的相关政策和技术规范。

第二十一条 省级人民政府生态环境主管部门会同同级资源综合利用、商务、工业信息产业主管部门编制本地区废弃电器电子产品处理发展规划，报国务院生态环境主管部门备案。

地方人民政府应当将废弃电器电子产品回收处理基础设施建设纳入城乡规划。

第二十二条 取得废弃电器电子产品处理资格，依照《中华人民共和国公司登记管理条例》等规定办理登记并在其经营范围中注明废弃电器电子产品处理的企业，方可从事废弃电器电子产品处理活动。

除本条例第三十四条规定外，禁止未取得废弃电器电子产品处理资格的单位和个人处理废弃电器电子产品。

第二十三条 申请废弃电器电子产品处理资格，应当具备下列条件：

（一）具备完善的废弃电器电子产品处理设施；

（二）具有对不能完全处理的废弃电器电子产品的妥善利用或者处置方案；

（三）具有与所处理的废弃电器电子产品相适应的分拣、包装以及其他设备；

（四）具有相关安全、质量和环境保护的专业技术人员。

第二十四条 申请废弃电器电子产品处理资格，应当向所在地的设区的市级人民政府生态环境主管部门提交书面申请，并提供相关证明材料。受理申请的生态环境主管部门应当自收到完整的申请材料之日起60日内完成审查，作出准予许可或者不予许可的决定。

第二十五条 县级以上地方人民政府环境保护主管部门应当通过书面核查和实地检查等方式，加强对废弃电器电子产品处理活动的监督检查。

第二十六条 任何单位和个人都有权对违反本条例规定的行为向有关部门检举。有关部门应当为检举人保密，并依法及时处理。

第四章 法律责任

第二十七条 违反本条例规定，电器电子产品生产者、进口电器电子产品的收货人或者其代理人生产、进口的电器电子产品上或者产品说明书中未按照规定提供有关有毒有害物质含量、回收处理提示性说明等信息的，由县级以上地方人民政府市场监督管理部门责令限期改正，处5万元以下的罚款。

第二十八条 违反本条例规定，未取得废弃电器电子产品处理资格擅自从事废弃电器电子产品处理活动的，由县级以上人民政府生态环境主管部门责令停业、关闭，没收违法所得，并处5万元以上50万元以下的罚款。

第二十九条 违反本条例规定，采用国家明令淘汰的技术和工艺处理废弃电器电子产品的，由县级以上人民政府生态环境主管部门责令限期改正；情节严重的，由设区的市级人民政府生态环境主管部门依法暂停直至撤销其废弃电器电子产品处理资格。

第三十条 处理废弃电器电子产品造成环境污染的，由县级以上人民政府生态环境主管部门按照固体废物污染环境防治的有关规定予以处罚。

第三十一条 违反本条例规定，处理企业未建立废弃电器电子产品的数据信息管理系统，未按规定报送基本数据和有关情况或者报送基本数据、有关情况不真实，或者未按规定期限保存基本数据的，由所在地的设区的市级人民政府生态环境主管部门责令限期改正，可以处5万元以下的罚款。

第三十二条 违反本条例规定，处理企业未建立日常环境监测制度或者未开展日常环境监测的，由县级以上人民政府生态环境主管部门责令限期改正，可以处5万元以下的罚款。

第三十三条 违反本条例规定，有关行政主管部门的工作人员滥用职权、玩忽职守、徇私舞弊，构成犯罪的，依法追究刑事责任；尚不构成犯罪的，依法给予处分。

第五章 附 则

第三十四条 经省级人民政府批准，可以设立废弃电器电子产品集中处理场。废弃电器电子产品集中处理场应当具有完善的污染物集中处理设施，确保符合国家或者地方制定的污染物排放标准和固体废物污染环境防治技术标准，并应当遵守本条例的有关规定。

废弃电器电子产品集中处理场应当符合国家和当地工业区设置规划，与当地土地利用规划和城乡规划相协调，并应当加快实现产业升级。

第三十五条 本条例自2011年1月1日起施行。

最高人民法院　最高人民检察院
关于办理环境污染刑事案件
适用法律若干问题的解释

（2016 年 11 月 7 日最高人民法院审判委员会第 1698 次会议、2016 年 12 月 8 日最高人民检察院第十二届检察委员会第 58 次会议通过，自 2017 年 1 月 1 日起施行）

为依法惩治有关环境污染犯罪，根据《中华人民共和国刑法》《中华人民共和国刑事诉讼法》的有关规定，现就办理此类刑事案件适用法律的若干问题解释如下：

第一条 实施刑法第三百三十八条规定的行为，具有下列情形之一的，应当认定为“严重污染环境”：

（一）在饮用水水源一级保护区、自然保护区核心区排放、倾倒、处置有放射性的废物、含传染病病原体的废物、有毒物质的；

（二）非法排放、倾倒、处置危险废物三吨以上的；

（三）排放、倾倒、处置含铅、汞、镉、铬、砷、铊、锑的污染物，超过国家或者地方污染物排放标准三倍以上的；

（四）排放、倾倒、处置含镍、铜、锌、银、钒、锰、钴的污染物，超过国家或者地方污染物排放标准十倍以上的；

（五）通过暗管、渗井、渗坑、裂隙、溶洞、灌注等逃避监管的方式排放、倾倒、处置有放射性的废物、含传染病病原体的废物、有毒物质的；

（六）二年内曾因违反国家规定，排放、倾倒、处置有放射性的废物、含传染病病原体的废物、有毒物质受过两次以上行政处罚，又实施前列行为的；

（七）重点排污单位篡改、伪造自动监测数据或者干扰自动监测设施，排放化学需氧量、氨氮、二氧化硫、氮氧化物等污染物的；

（八）违法减少防治污染设施运行支出一百万元以上的；

（九）违法所得或者致使公私财产损失三十万元以上的；

（十）造成生态环境严重损害的；

（十一）致使乡镇以上集中式饮用水水源取水中断十二小时以上的；

（十二）致使基本农田、防护林地、特种用途林地五亩以上，其他农用地十亩以上，其他土地二十亩以上基本功能丧失或者遭受永久性破坏的；

（十三）致使森林或者其他林木死亡五十立方米以上，或者幼树死亡二千五百株以上的；

（十四）致使疏散、转移群众五千人以上的；

（十五）致使三十人以上中毒的；

（十六）致使三人以上轻伤、轻度残疾或者器官组织损伤导致一般功能障碍的；

（十七）致使一人以上重伤、中度残疾或者器官组织损伤导致严重功能障碍的；

（十八）其他严重污染环境的情形。

第二条 实施刑法第三百三十九条、第四百零八条规定的行为，致使公私财产损失三十万元以上，或者具有本解释第一条第十项至第十七项规定情形之一的，应当认定为“致使公私财产遭受重大损失或者严重危害人体健康”或者“致使公私财产遭受重大损失或者造成人身伤亡的严重后果”。

第三条 实施刑法第三百三十八条、第三百三十九条规定的行为，具有下列情形之一的，应当认定为“后果特别严重”：

（一）致使县级以上城区集中式饮用水水源取水中断十二小时以上的；

（二）非法排放、倾倒、处置危险废物一百吨以上的；

（三）致使基本农田、防护林地、特种用途林地十五亩以上，其他农用地三十亩以上，其他土地六十亩以上基本功能丧失或者遭受永久性破坏的；

（四）致使森林或者其他林木死亡一百五十立方米以上，或者幼树死亡七千五百株以上的；

（五）致使公私财产损失一百万元以上的；

（六）造成生态环境特别严重损害的；

（七）致使疏散、转移群众一万五千人以上的；

（八）致使一百人以上中毒的；

（九）致使十人以上轻伤、轻度残疾或者器官组织损伤导致一般功能障碍的；

（十）致使三人以上重伤、中度残疾或者器官组织损伤导致严重功能障碍的；

（十一）致使一人以上重伤、中度残疾或者器官组织损伤导致严重功能障碍，并致使五人以上轻伤、轻度残疾或者器官组织损伤导致一般功能障碍的；

（十二）致使一人以上死亡或者重度残疾的；

（十三）其他后果特别严重的情形。

第四条 实施刑法第三百三十八条、第三百三十九条规定的犯罪行为，具有下列情形之一的，应当从重处罚：

（一）阻挠环境监督检查或者突发环境事件调查，尚不构成妨害公务等犯罪的；

（二）在医院、学校、居民区等人口集中地区及其附近，违反国家规定排放、倾倒、处置有放射性的废物、含传染病病原体的废物、有毒物质或者其他有害物质的；

（三）在重污染天气预警期间、突发环境事件处置期间或者被责令限期整改期间，违反国家规定排放、倾倒、处置有放射性的废物、含传染病病原体的废物、有毒物质或者其他有害物质的；

（四）具有危险废物经营许可证的企业违反国家规定排放、倾倒、处置有放射性的废物、含传染病病原体的废物、有毒物质或者其他有害物质的。

第五条 实施刑法第三百三十八条、第三百三十九条规定的行为，刚达到应当追究刑事责任的标准，但行为人及时采取措施，防止损失扩大、消除污染，全部赔偿损失，积极修复生态环境，且系初犯，确有悔罪表现的，可以认定为情节轻微，不起诉或者免予刑事处罚；确有必要判处刑罚的，应当从宽处罚。

第六条 无危险废物经营许可证从事收集、贮存、利用、处置危险废物经营活动，严重污染环境的，按照污染环境罪定罪处罚；同时构成非法经营罪的，依照处罚较重的规定定罪处罚。

实施前款规定的行为，不具有超标排放污染物、非法倾倒污染物或者其他违法造成环境污染的情形的，可以认定为非法经营情节显著轻微危害不大，不认为是犯罪；构成生产、销售伪劣产品等其他犯罪的，以其他犯罪论处。

第七条 明知他人无危险废物经营许可证，向其提供或者委托其收集、贮存、利用、处置危险废物，严重污染环境的，以共同犯罪论处。

第八条 违反国家规定，排放、倾倒、处置含有毒害性、放射性、传染病病原体等物质的污染物，同时构成污染环境罪、非法处置进口的固体废物罪、投放危险物质罪等犯罪的，依照处罚较重的规定定罪处罚。

第九条 环境影响评价机构或其人员，故意提供虚假环境影响评价文件，情节严重的，或者严重不负责任，出具的环境影响评价文件存在重大失实，造成严重后果的，应当依照刑法第二百二十九条、第二百三十一条的规定，以提供虚假证明文件罪或者出具证明文件重大失实罪定罪处罚。

第十条 违反国家规定，针对环境质量监测系统实施下列行为，或者强令、指使、授意他人实施下列行为的，应当依照刑法第二百八十六条的规定，以破坏计算机信息系统罪论处：

（一）修改参数或者监测数据的；

（二）干扰采样，致使监测数据严重失真的；

（三）其他破坏环境质量监测系统的行为。

重点排污单位篡改、伪造自动监测数据或者干扰自动监测设施，排放化学需氧量、氨氮、二氧化硫、氮氧化物等污染物，同时构成污染环境罪和破坏计算机信息系统罪的，依照处罚较重的规定定罪处罚。

从事环境监测设施维护、运营的人员实施或者参与实施篡改、伪造自动监测数据、干扰自动监测设施、破坏环境质量监测系统等行为的，应当从重处罚。

第十一条 单位实施本解释规定的犯罪的，依照本解释规定的定罪量刑标准，对直接负责的主管人员和其他直接责任人员定罪处罚，并对单位判处罚金。

第十二条 环境保护主管部门及其所属监测机构在行政执法过程中收集的监测数据，在刑事诉讼中可以作为证据使用。

公安机关单独或者会同环境保护主管部门，提取污染物样品进行检测获取的数据，在刑事诉讼中可以作为证据使用。

第十三条 对国家危险废物名录所列的废物，可以依据涉案物质的来源、产生过程、被告人供述、证人证言以及经批准或者备案的环境影响评价文件等证据，结合环境保护主管部门、公安机关等出具的书面意见作出认定。

对于危险废物的数量，可以综合被告人供述，涉案企业的生产工艺、物耗、能耗情况，以及经批准或者备案的环境影响评价文件等证据作出认定。

第十四条 对案件所涉的环境污染专门性问题难以确定的，依据司法鉴定机构出具的鉴定意见，或者国务院环境保护主管部门、公安部门指定的机构出具的报告，结合其他证据作出认定。

第十五条 下列物质应当认定为刑法第三百三十八条规定的“有毒物质”：

（一）危险废物，是指列入国家危险废物名录，或者根据国家规定的危险废物鉴别标准和鉴别方法认定的，具有危险特性的废物；

（二）《关于持久性有机污染物的斯德哥尔摩公约》附件所列物质；

（三）含重金属的污染物；

（四）其他具有毒性，可能污染环境的物质。

第十六条 无危险废物经营许可证，以营利为目的，从危险废物中提取物质作为原材料或者燃料，并具有超标排放污染物、非法倾倒污染物或者其他违法造成环境污染的情形的行为，应当认定为“非法处置危险废物”。

第十七条 本解释所称“二年内”，以第一次违法行为受到行政处罚的生效之日与又实施相应行为之日的时间间隔计算确定。

本解释所称“重点排污单位”，是指设区的市级以上人民政府环境保护主管部门依法确定的应当安装、使用污染物排放自动监测设备的重点监控企业及其他单位。

本解释所称“违法所得”，是指实施刑法第三百三十八条、第三百三十九条规定的行为所得和可得的全部违法收入。

本解释所称“公私财产损失”，包括实施刑法第三百三十八条、第三百三十九条规定的行为直接造成财产损毁、减少的实际价值，为防止污染扩大、消除污染而采取必要合理措施所产生的费用，以及处置突发环境事件的应急监测费用。

本解释所称“生态环境损害”，包括生态环境修复费用，生态环境修复期间服务功能的损失和生态环境功能永久性损害造成的损失，以及其他必要合理费用。

本解释所称“无危险废物经营许可证”，是指未取得危险废物经营许可证，或者超出危险废物经营许可证的经营范围。

第十八条 本解释自2017年1月1日起施行。本解释施行后，《最高人民法院、最高人民检察院关于办理环境污染刑事案件适用法律若干问题的解释》（法释〔2013〕15号）同时废止；之前发布的司法解释与本解释不一致的，以本解释为准。

生产者责任延伸制度推行方案

生产者责任延伸制度是指将生产者对其产品承担的资源环境责任从生产环节延伸到产品设计、流通消费、回收利用、废物处置等全生命周期的制度。实施生产者责任延伸制度，是加快生态文明建设和绿色循环低碳发展的内在要求，对推进供给侧结构性改革和制造业转型升级具有积极意义。近年来，我国在部分电器电子产品领域探索实行生产者责任延伸制度，取得了较好效果，有关经验做法应予复制和推广。为进一步推行生产者责任延伸制度，根据《中共中央 国务院关于印发〈生态文明体制改革总体方案〉的通知》要求，特制定以下方案。

一、总体要求

（一）指导思想。全面贯彻党的十八大和十八届三中、四中、五中、六中全会精神，按照党中央、国务院决策部署，紧紧围绕统筹推进“五位一体”总体布局和协调推进“四个全面”战略布局，牢固树立创新、协调、绿色、开放、共享的发展理念，加快建立生产者责任延伸的制度框架，不断完善配套政策法规体系，逐步形成责任明确、规范有序、监管有力的激励约束机制，通过开展产品生态设计、使用再生原料、保障废弃产品规范回收利用和安全处置、加强信息公开等，推动生产企业切实落实资源环境责任，提高产品的综合竞争力和资源环境效益，提升生态文明建设水平。

（二）基本原则。

政府推动，市场主导。充分发挥市场在资源配置中的决定性作用，更好发挥政府规划引导和政策支持作用，形成有利的体制机制和市场环境。

明晰责任，依法推进。强化法治思维，逐步完善生产者责任延伸制度相关法律法规和标准规范，依法依规明确产品全生命周期的资源环境责任。

有效激励，强化管理。创新激励约束机制，调动各方主体履行资源环境责任的积极性，形成可持续商业模式。加强生产者责任延伸制度实施的监督评价，不断提高管理水平。

试点先行，重点突破。合理确定生产者责任延伸制度的实施范围，把握实施的节点和力度。坚持边试点、边总结、边推广，逐步扩大实施范围，稳妥推进相关工作。

（三）工作目标。到 2020 年，生产者责任延伸制度相关政策体系初步形成，产品生态设计取得重大进展，重点品种的废弃产品规范回收与循环利用率平均达到 40%。到 2025 年，生产者责任延伸制度相关法律法规基本完善，重点领域生产者责任延伸制度运行有序，产品生态设计普遍推行，重点产品的再生原料使用比例达到 20%，废弃产品规范回收与循环利用率平均达到 50%。

二、责任范围

（一）开展生态设计。生产企业要统筹考虑原辅材料选用、生产、包装、销售、使用、回收、处理等环节的资源环境影响，深入开展产品生态设计。具体包括轻量化、单一化、模块化、无（低）害化、易维护设计，以及延长寿命、绿色包装、节能降耗、循环利用等设计。

（二）使用再生原料。在保障产品质量性能和使用安全的前提下，鼓励生产企业加大再生原料的使用比例，实行绿色供应链管理，加强对上游原料企业的引导，研发推广再生原料检测和利用技术。

（三）规范回收利用。生产企业可通过自主回收、联合回收或委托回收等模式，规范回收废弃产品和包装，直接处置或由专业企业处置利用。产品回收处理责任也可以通过生产企业依法缴纳相关基金、对专业企业补贴的方式实现。

（四）加强信息公开。强化生产企业的信息公开责任，将产品质量、安全、耐用性、能效、有毒有害物质含量等内容作为强制公开信息，面向公众公开；将涉及零部件产品结构、拆解、废弃物回收、原材料组成等内容作为定向公开信息，面向废弃物回收、资源化利用主体公开。

三、重点任务

综合考虑产品市场规模、环境危害和资源化价值等因素，率先确定对电器电子、汽车、铅酸蓄电池和包装物等 4 类产品实施生产者责任延伸制度。在总结试点经验基础上，适时扩大产品品种和领域。

（一）电器电子产品。制定电器电子产品生产者责任延伸政策指引和评价标准，引导生产企业深入开展生态设计，优先应用再生原料，积极参与废弃电器电子产品回收和资源化利用。

支持生产企业建立废弃电器电子等产品的新型回收体系，通过依托销售网络建立逆向物流回收体系，选择商业街区、交通枢纽开展自主回收试点，运用“互联网 +”提升规范回收率，选择居民区、办公区探索加强垃圾清运与再生资源回收体系的衔接，大力促进废弃电器电子产品规范回收、利用和处置，保障数据信息安全。率先在北京市开展废弃电器电子产品新型回收利用体系建设试点，并逐步扩大回收利用废弃物范围。

完善废弃电器电子产品回收处理相关制度，科学设置废弃电器电子产品处理企业准入标准，及时评估废弃电器电子产品处理目录的实施效果并进行动态调整。加强废弃电器电子产品处理基金征收和使用管理，建立“以收定支、自我平衡”的机制。强化法律责任，完善申请条件，加强信息公开，进一步发挥基金对生产者责任延伸的激励约束作用。

（二）汽车产品。制定汽车产品生产者责任延伸政策指引，明确汽车生产企业的责任延伸评价标准，产品设计要考虑可回收性、可拆解性，优先使用再生原料、安全环保材料，将用于维修保养的技术信息、诊断设备向独立维修商（包括再制造企业）开放。鼓励生产企业利用售后服务网络与符合条件的拆解企业、再制造企业合作建立逆向回收利用体系，支持回收报废汽车，推广再制造产品。探索整合汽车生产、交易、维修、保险、报废等环节基础信息，逐步建立全国统一的汽车全生命周期信息管理体系，加强报废汽车产品回收利用管理。

建立电动汽车动力电池回收利用体系。电动汽车及动力电池生产企业应负责建立废旧电池回收网络，利用售后服务网络回收废旧电池，统计并发布回收信息，确保废旧电池规范回收利用和安全处置。动力电池生产企业应实行产品编码，建立全生命周期追溯系统。率先在深圳等城市开展电动汽车动力电池回收利用体系建设，并在全国逐步推广。

（三）铅酸蓄电池、饮料纸基复合包装。对铅酸蓄电池、饮料纸基复合包装等产业集中度较高、循环利用产业链比较完整的特定品种，在国家层面制定、分解落实回收利用目标，并建立完善统计、核查、评价、监督和目标调节等制度。

引导铅酸蓄电池生产企业建立产品全生命周期追溯系统，采取自主回收、联合回收或委托回收模式，通过生产企业自有销售渠道或专业企业在消费末端建立的网络回收铅酸蓄电池，支持采用“以旧换新”等方式提高回收率。备用电源蓄电池、储能用蓄电池报废后交给专业企业处置。探索完善生产企业集中收集和跨区域转运方式。率先在上海市建设铅酸蓄电池回收利用体系，规范处理利用采取“销一收一”模式回收的废铅酸蓄电池。

开展饮料纸基复合包装回收利用联盟试点。支持饮料纸基复合包装生产企业、灌装企业和循环利用企业按照市场化原则组成联盟，通过灌装企业销售渠道、现有再生资源回收体系、循环利用企业自建网络等途径，回收废弃的饮料纸基复合包装。鼓励生产企业根据回收量和利用水平，对回收链条薄弱环节给予技术、资金支持，推动实现回收利用目标。

四、保障措施

（一）加强信用评价。建立电器电子、汽车、铅酸蓄电池和包装物 4 类产品骨干生产企业落实生产者责任延伸的信用信息采集系统，并与全国信用信息共享平台对接，对严重失信企业实施跨部门联合惩戒。建立 4 类产品骨干生产企业履行生产者责任延伸情况的报告和公示制度，并率先在部分企业开展试点。建立生产者责任延伸的第三方信用认证评价制度，引入第三方机构对企业履责情况进行评价核证。定期发布生产者责任延伸制度实施情况报告。

（二）完善法规标准。加快修订循环经济促进法、报废汽车回收管理办法、废弃电器电子产品回收处理管理条例，适时制定铅酸蓄电池回收利用管理办法、新能源汽车动力电池回收利用暂行办法、强制回收产品和包装物名录及管理办法、生产者责任延伸评价管理办法。建立完善产品生态设计、回收利用、信息公开等方面标准规范，支持制定生产者责任延伸领域的团体标准。开展生态设计标准化试点。建立统一的绿色产品标准、认证、标识体系，将生态设计产品、再生产品、再制造产品纳入其中。

（三）加大政策支持。研究对开展生产者责任延伸试点的地区和相关企业创新支持方式，加大支持力度。鼓励采用政府和社会资本合作（PPP）模式、第三方服务方式吸引社会资本参与废弃产品回收利用。建立绿色金融体系，落实绿色信贷指引，引导银行业金融机构优先支持落实生产者责任延伸制度的企业，支持符合条件的企业发行绿色债券建设相关项目。通过国家科技计划（专项、基金等）统筹支持生态设计、绿色回收、再生原料检测等方面共性关键技术研发。支持生产企业、资源循环利用企业与科研院所、高等院校组建产学研技术创新联盟。

（四）严格执法监管。开展再生资源集散地专项整治，取缔非法回收站点。加强对报废汽车、废弃电器电子产品拆解企业的资质管理，规范对铅酸蓄电池等特殊品种的管理。严格执行相关法律法规和标准，依法依规处置达不到环境排放标准和安全标准的企业，查处无证经营行为。建立定期巡视和抽查制度，持续打击非法改装、拼装报废车和非法拆解电器电子产品等行为。

（五）积极示范引导。加大再生产品和原料的推广力度，发挥政府等公共机构的带头示范作用，实施绿色采购目标管理，扩大再生产品和原料应用，率先建立规范、通畅、高效的回收体系。遴选一批生产者责任延伸制度实施效果较好的项目进行示范推广。加强生产者责任延伸方面的舆论宣传，普及绿色循环发展理念，引导社会公众自觉规范交投废物，积极开展垃圾分类，提高生态文明意识。

各地区、各部门要高度重视推行生产者责任延伸制度的重要意义，加强组织领导，扎实推进工作。发展循环经济工作部际联席会议要把推行生产者责任延伸制度作为重要工作内容，加强顶层设计，统筹推进各项工作。国家发展改革委要细化实施方案，制定时间表、路线图，加强统筹协调和分类指导，重大情况及时向国务院报告。科技部、工业和信息化部、财政部、环境保护部、住房城乡建设部、商务部、人民银行、工商总局、质检总局、国务院法制办等部门要密切配合、形成合力，按照职责分工抓好落实。各地区要根据本地实际抓好具体实施，有力推进生产者责任延伸工作。

附件

重点任务分工及进度安排表

序号	重点任务	责任单位	时间进度安排
1	完善废弃电器电子产品回收处理制度	国家发展改革委、环境保护部、财政部在各自职责范围内分别负责	2017年底前提出方案
2	制定强制回收的产品和包装物名录及管理办法，确定特定品种的国家回收利用目标	国家发展改革委牵头，工业和信息化部、环境保护部、住房城乡建设部、财政部、商务部、质检总局参与	2018年完成
3	率先在北京市开展废弃电器电子产品新型回收利用体系建设试点	北京市组织实施，国务院有关部门加强指导	2017年启动
4	开展饮料纸基复合包装回收利用联盟试点	相关行业联盟组织实施，国务院有关部门加强指导	2017年启动
5	探索铅酸蓄电池生产商集中收集和跨区域转运方式	环境保护部牵头，国家发展改革委、工业和信息化部参与	2017年启动

续表

序号	重点任务	责任单位	时间进度安排
6	在部分企业开展生态设计试点	工业和信息化部、国家发展改革委	持续推动
7	在部分企业开展电器电子、汽车产品生产者责任延伸试点，率先开展信用评价	工业和信息化部、科技部、财政部、商务部组织试点，国家发展改革委牵头组织信用评价	持续推动
8	率先在上海市建设铅酸蓄电池回收利用体系	上海市组织实施，国务院有关部门加强指导	2017 年启动
9	建立电动汽车动力电池产品编码制度和全生命周期追溯系统	工业和信息化部、质检总局负责	2017 年完成
10	支持建立铅酸蓄电池全生命周期追溯系统，推动实行统一的编码规范	工业和信息化部、质检总局、国家发展改革委负责	持续推进
11	建设生产者责任延伸的信用信息采集系统，制定生产者责任延伸评价管理办法，并制定相应的政策指引	国家发展改革委牵头，工业和信息化部、环境保护部、商务部、人民银行参与	2019 年完成

续表

序号	重点任务	责任单位	时间进度安排
12	修订《报废汽车回收管理办法》，规范报废汽车产品回收利用制度	国务院法制办、商务部牵头，工商总局、国家发展改革委、工业和信息化部等部门参与	2017 年完成
13	制定铅酸蓄电池回收利用管理办法	国家发展改革委牵头，工业和信息化部、环境保护部参与	2017 年完成
14	健全标准计量体系，建立认证评价制度	质检总局牵头，国务院相关部门参与	持续推进
15	研究对开展生产者责任延伸试点的地区和履行责任的生产企业的支持方式	国家发展改革委，财政部	持续推进
16	加大科技支持力度	科技部牵头，国家发展改革委、工业和信息化部、环境保护部参与	持续推进
17	加快建立再生产品和原料推广使用制度	国家发展改革委、工业和信息化部、财政部、环境保护部、质检总局	2018 年完成

续表

序号	重点任务	责任单位	时间进度安排
18	实施绿色采购目标管理	财政部牵头，国务院相关部门参与	2019 年完成
19	加强宣传引导	国家发展改革委牵头，国务院各部门参与	持续推进
20	加强工作统筹规划和分类指导	国家发展改革委牵头，国务院各部门参与	持续推进

环境保护行政执法与刑事司法衔接工作办法

第一章 总 则

第一条 为进一步健全环境保护行政执法与刑事司法衔接工作机制，依法惩治环境犯罪行为，切实保障公众健康，推进生态文明建设，依据《刑法》《刑事诉讼法》《环境保护法》《行政执法机关移送涉嫌犯罪案件的规定》（国务院令 第310号）等法律、法规及有关规定，制定本办法。

第二条 本办法适用于各级环境保护主管部门（以下简称环保部门）、公安机关和人民检察院办理的涉嫌环境犯罪案件。

第三条 各级环保部门、公安机关和人民检察院应当加强协作，统一法律适用，不断完善线索通报、案件移送、资源共享和信息发布等工作机制。

第四条 人民检察院对环保部门移送涉嫌环境犯罪案件活动和公安机关对移送案件的立案活动，依法实施法律监督。

第二章 案件移送与法律监督

第五条 环保部门在查办环境违法案件过程中，发现涉嫌环境犯罪案件，应当核实情况并作出移送涉嫌环境犯罪案件的书面报告。本机关负责人应当自接到报告之日起 3 日内作出批准移送或者不批准移送的决定。向公安机关移送的涉嫌环境犯罪案件，应当符合下列条件：（一）实施行政执法的主体与程序合法。（二）有合法证据证明有涉嫌环境犯罪的事实发生。

第六条 环保部门移送涉嫌环境犯罪案件，应当自作出移送决定后 24 小时内向同级公安机关移交案件材料，并将案件移送书抄送同级人民检察院。环保部门向公安机关移送涉嫌环境犯罪案件时，应当附下列材料：（一）案件移送书，载明移送机关名称、涉嫌犯罪罪名及主要依据、案件主办人及联系方式等。案件移送书应当附移送材料清单，并加盖移送机关公章。（二）案件调查报告，载明案件来源、查获情况、犯罪嫌疑人基本情况、涉嫌犯罪的事实、证据和法律依据、处理建议和法律依据等。（三）现场检查（勘察）笔录、调查询问笔录、现场勘验图、采样记录单等。（四）涉案物品清单，载明已查封、扣押等采取行政强制措施的涉案物品名称、数量、特征、存放地等事项，并附采取行政强制措施、现场笔录等表明涉案物品来源的相关材料。（五）现场照片或者录音录像资料及清单，载明需证明的事实对象、拍摄人、拍摄时间、拍摄地点等。（六）监测、检验报告、突发环境事件调查报告、认定意见。（七）其他有关涉嫌犯罪的材料。对环境违法行为已经作出行政处罚决定的，还应当附行政处罚决定书。

第七条 对环保部门移送的涉嫌环境犯罪案件，公安机关应当依法接受，并立即出具接受案件回执或者在涉嫌环境犯罪案件移送书的回执上签字。

第八条 公安机关审查发现移送的涉嫌环境犯罪案件材料不全的，应当在接受案件的 24 小时内书面告知移送的环保部门在 3 日内补正。但不得以材料不全为由，不接受移送案件。公安机关审查发现移送的涉嫌环境犯罪案件证据不充分的，可以就证明有犯罪事实的相关证据等提出补充调查意见，由移送案件的环保部门补充调查。环保部门应当按照要求补充调查，并及时将调查结果反馈公安机关。因客观条件所限，无法补正的，环保部门应当向公安机关作出书面说明。

第九条 公安机关对环保部门移送的涉嫌环境犯罪案件，应当自接受案件之日起 3 日内作出立案或者不予立案的决定；涉嫌环境犯罪线索需要查证的，应当自接受案件之日起 7 日内作出决定；重大疑难复杂案件，经县级以上公安机关负责人批准，可以自受案之日起 30 日内作出决定。接受案件后对属于公安机关管辖但不属于本公安机关管辖的案件，应当在 24 小时内移送有管辖权的公安机关，并书面通知移送案件的环保部门，抄送同级人民检察院。对不属于公安机关管辖的，应当在 24 小时内退回移送案件的环保部门。公安机关作出立案、不予立案、撤销案件决定的，应当自作出决定之日起3日内书面通知环保部门，并抄送同级人民检察院。公安机关作出不予立案或者撤销案件决定的，应当书面说明理由，并将案卷材料退回环保部门。

第十条 环保部门应当自接到公安机关立案通知书之日起3日内将涉案物品以及与案件有关的其他材料移交公安机关，并办理交接手续。涉及查封、扣押物品的，环保部门和公安机关应当密切配合，加强协作，防止涉案物品转移、隐匿、损毁、灭失等情况发生。对具有危险性或者环境危害性的涉案物品，环保部门应当组织临时处理处置，公安机关应当积极协助；对无明确责任人、责任人不具备履行责任能力或者超出部门处置能力的，应当呈报涉案物品所在地政府组织处置。上述处置费用清单随附处置合同、缴费凭证等作为犯罪获利的证据，及时补充移送公安机关。

第十一条 环保部门认为公安机关不予立案决定不当的，可以自接到不予立案通知书之日起3个工作日内向作出决定的公安机关申请复议，公安机关应当自收到复议申请之日起3个工作日内作出立案或者不予立案的复议决定，并书面通知环保部门。

第十二条 环保部门对公安机关逾期未作出是否立案决定，以及对不予立案决定、复议决定、立案后撤销案件决定有异议的，应当建议人民检察院进行立案监督。人民检察院应当受理并进行审查。

第十三条 环保部门建议人民检察院进行立案监督的案件，应当提供立案监督建议书、相关案件材料，并附公安机关不予立案、立案后撤销案件决定及说明理由材料，复议维持不予立案决定材料或者公安机关逾期未作出是否立案决定的材料。

第十四条 人民检察院发现环保部门不移送涉嫌环境犯罪案件的，可以派员查询、调阅有关案件材料，认为涉嫌环境犯罪应当移送的，应当提出建议移送的检察意见。环保部门应当自收到检察意见后3日内将案件移送公安机关，并将执行情况通知人民检察院。

第十五条 人民检察院发现公安机关可能存在应当立案而不立案或者逾期未

作出是否立案决定的，应当启动立案监督程序。

第十六条 环保部门向公安机关移送涉嫌环境犯罪案件，已作出的警告、责令停产停业、暂扣或者吊销许可证的行政处罚决定，不停止执行。未作出行政处罚决定的，原则上应当在公安机关决定不予立案或者撤销案件、人民检察院作出不起诉决定、人民法院作出无罪判决或者免予刑事处罚后，再决定是否给予行政处罚。涉嫌犯罪案件的移送办理期间，不计入行政处罚期限。对尚未作出生效裁判的案件，环保部门依法应当给予或者提请人民政府给予暂扣或者吊销许可证、责令停产停业等行政处罚，需要配合的，公安机关、人民检察院应当给予配合。

第十七条 公安机关对涉嫌环境犯罪案件，经审查没有犯罪事实，或者立案侦查后认为犯罪事实显著轻微、不需要追究刑事责任，但经审查依法应当予以行政处罚的，应当及时将案件移交环保部门，并抄送同级人民检察院。

第十八条 人民检察院对符合逮捕、起诉条件的环境犯罪嫌疑人，应当及时批准逮捕、提起公诉。人民检察院对决定不起诉的案件，应当自作出决定之日起3日内，书面告知移送案件的环保部门，认为应当给予行政处罚的，可以提出予以行政处罚的检察意见。

第十九条 人民检察院对公安机关提请批准逮捕的犯罪嫌疑人作出不批准逮捕决定，并通知公安机关补充侦查的，或者人民检察院对公安机关移送审查起诉的案件审查后，认为犯罪事实不清、证据不足，将案件退回补充侦查的，应当制作补充侦查提纲，写明补充侦查的方向和要求。对退回补充侦查的案件，公安机关应当按照补充侦查提纲的要求，在一个月内补充侦查完毕。公安机关补充侦查和人民检察院自行侦查需要环保部门协助的，环保部门应当予以协助。

第三章　证据的收集与使用

第二十条 环保部门在行政执法和查办案件过程中依法收集制作的物证、书证、视听资料、电子数据、监测报告、检验报告、认定意见、鉴定意见、勘验笔录、检查笔录等证据材料，在刑事诉讼中可以作为证据使用。

第二十一条 环保部门、公安机关、人民检察院收集的证据材料，经法庭查证属实，且收集程序符合有关法律、行政法规规定的，可以作为定案的根据。

第二十二条 环保部门或者公安机关依据《国家危险废物名录》或者组织专家研判等得出认定意见的，应当载明涉案单位名称、案由、涉案物品识别认定的理由，按照“经认定，……属于／不属于……危险废物，废物代码……”的格式出具结论，加盖公章。

第四章 协作机制

第二十三条 环保部门、公安机关和人民检察院应当建立健全环境行政执法与刑事司法衔接的长效工作机制。确定牵头部门及联络人，定期召开联席会议，通报衔接工作情况，研究存在的问题，提出加强部门衔接的对策，协调解决环境执法问题，开展部门联合培训。联席会议应明确议定事项。

第二十四条 环保部门、公安机关、人民检察院应当建立双向案件咨询制度。环保部门对重大疑难复杂案件，可以就刑事案件立案追诉标准、证据的固定和保全等问题咨询公安机关、人民检察院；公安机关、人民检察院可以就案件办理中的专业性问题咨询环保部门。受咨询的机关应当认真研究，及时答复；书面咨询的，应当在7日内书面答复。

第二十五条 公安机关、人民检察院办理涉嫌环境污染犯罪案件，需要环保部门提供环境监测或者技术支持的，环保部门应当按照上述部门刑事案件办理的法定时限要求积极协助，及时提供现场勘验、环境监测及认定意见。所需经费，应当列入本机关的行政经费预算，由同级财政予以保障。

第二十六条 环保部门在执法检查时，发现违法行为明显涉嫌犯罪的，应当及时向公安机关通报。公安机关认为有必要的可以依法开展初查，对符合立案条件的，应当及时依法立案侦查。在公安机关立案侦查前，环保部门应当继续对违法行为进行调查。

第二十七条 环保部门、公安机关应当相互依托“12369”环保举报热线和“110”报警服务平台，建立完善接处警的快速响应和联合调查机制，强化对打击涉嫌环境犯罪的联勤联动。在办案过程中，环保部门、公安机关应当依法及时启动相应的调查程序，分工协作，防止证据灭失。

第二十八条 在联合调查中，环保部门应当重点查明排污者严重污染环境的事实，污染物的排放方式，及时收集、提取、监测、固定污染物种类、浓度、数量、排放去向等。公安机关应当注意控制现场，重点查明相关责任人身份、岗位信息，视情节轻重对直接负责的主管人员和其他责任人员依法采取相应强制措施。两部门均应规范制作笔录，并留存现场摄像或照片。

第二十九条 对案情重大或者复杂疑难案件，公安机关可以听取人民检察院的意见。人民检察院应当及时提出意见和建议。

第三十条 涉及移送的案件在庭审中，需要出庭说明情况的，相关执法或者技术人员有义务出庭说明情况，接受庭审质证。

第三十一条 环保部门、公安机关和人民检察院应当加强对重大案件的联合督办工作，适时对重大案件进行联合挂牌督办，督促案件办理。同时，要逐步建立专家库，吸纳污染防治、重点行业以及环境案件侦办等方面的专家和技术骨干，为查处打击环境污染犯罪案件提供专业支持。

第三十二条 环保部门和公安机关在查办环境污染违法犯罪案件过程中发现包庇纵容、徇私舞弊、贪污受贿、失职渎职等涉嫌职务犯罪行为的，应当及时将线索移送人民检察院。

第五章　信息共享

第三十三条 各级环保部门、公安机关、人民检察院应当积极建设、规范使用行政执法与刑事司法衔接信息共享平台，逐步实现涉嫌环境犯罪案件的网上移送、网上受理和网上监督。

第三十四条 已经接入信息共享平台的环保部门、公安机关、人民检察院，应当自作出相关决定之日起7日内分别录入下列信息：（一）适用一般程序的环境违法事实、案件行政处罚、案件移送、提请复议和建议人民检察院进行立案监督的信息；（二）移送涉嫌犯罪案件的立案、不予立案、立案后撤销案件、复议、人民检察院监督立案后的处理情况，以及提请批准逮捕、移送审查起诉的信息；

（三）监督移送、监督立案以及批准逮捕、提起公诉、裁判结果的信息。尚未建成信息共享平台的环保部门、公安机关、人民检察院，应当自作出相关决定后及时向其他部门通报前款规定的信息。

第三十五条 各级环保部门、公安机关、人民检察院应当对信息共享平台录入的案件信息及时汇总、分析、综合研判，定期总结通报平台运行情况。

第六章 附 则

第三十六条 各省、自治区、直辖市的环保部门、公安机关、人民检察院可以根据本办法制定本行政区域的实施细则。

第三十七条 环境行政执法中部分专有名词的含义。（一）“现场勘验图”，是指描绘主要生产及排污设备布置等案发现场情况、现场周边环境、各采样点位、污染物排放途径的平面示意图。（二）“外环境”，是指污染物排入的自然环境。满足下列条件之一的，视同为外环境。1. 排污单位停产或没有排污，但有依法取得的证据证明其有持续或间歇排污，而且无可处理相应污染因子的措施的，经核实生产工艺后，其产污环节之后的废水收集池（槽、罐、沟）内。2. 发现暗管，虽无当场排污，但在外环境有确认由该单位排放污染物的痕迹，此暗管连通的废水收集池（槽、罐、沟）内。3. 排污单位连通外环境的雨水沟（井、渠）中任何一处。4. 对排放含第一类污染物的废水，其产生车间或车间处理设施的排放口。无法在车间或者车间处理设施排放口对含第一类污染物的废水采样的，废水总排放口或查实由该企业排入其他外环境处。

第三十八条 本办法所涉期间除明确为工作日以外，其余均以自然日计算。期间开始之日不算在期间以内。期间的最后一日为节假日的，以节假日后的第一日为期满日期。

第三十九条 本办法自发布之日起施行。原国家环保总局、公安部和最高人民检察院《关于环境保护主管部门移送涉嫌环境犯罪案件的若干规定》（环发〔2007〕78 号）同时废止。